챗GPT,
이렇게
써먹으면 됩니다

AI 최고 전문가가 설명하는
챗GPT의 활용법과 최신 트렌드

챗GPT,
이렇게
써먹으면
됩니다

CONVERSATIONAL AI

후루카와 쇼이치, 사카이 마리코 지음 | **박세미** 옮김

시그마북스
Sigma Books

챗GPT, 이렇게 써먹으면 됩니다

발행일 2023년 9월 15일 초판 1쇄 발행
지은이 후루카와 쇼이치, 사카이 마리코
옮긴이 박세미
발행인 강학경
발행처 시그마북스
마케팅 정제용
에디터 최연정, 최윤정, 양수진
디자인 강경희, 김문배

등록번호 제10-965호
주소 서울특별시 영등포구 양평로 22길 21 선유도코오롱디지털타워 A402호
전자우편 sigmabooks@spress.co.kr
홈페이지 http://www.sigmabooks.co.kr
전화 (02) 2062-5288~9
팩시밀리 (02) 323-4197
ISBN 979-11-6862-168-8 (13000)

최근 기존 인터넷 비즈니스 모델을 뒤흔들 잠재력을 지닌 기술이 세상에 등장했습니다. 바로 ChatGPT를 비롯해서 마치 사람처럼 대화할 수 있는 대화형 AI입니다. 이 책에서 주로 다루는 ChatGPT(2022년 11월 공개), 마이크로소프트의 Bing AI, 그리고 구글의 Bard(바드) 등 언론에서는 연일 AI와 관련 뉴스가 보도되고 있습니다. 지금 있는 직업이 사라지지는 않을지, 기존 검색엔진은 사라질지 등 사람들의 관심을 끄는 뉴스 제목도 심심치 않게 볼 수 있습니다. 기업뿐만 아니라 많은 사람이 이러한 대화형 AI의 진화에 관심이 있는 듯합니다.

그런데 여러분은 'AI'라는 말을 들으면 어떤 이미지가 떠오르시나요? 마치 도라에몽처럼 친근한 친구 같은 존재, 고민이 있을 때는 옆에서 같이 생각해주거나 신비한 비밀 도구로 단숨에 문제를 해결하는 이미지가 떠오르시나요? 혹은 지금 하는 일을 빼앗거나 사람에게 위협이 되는 존재라 생각하시나요? 아니면 그저 가전제품 같은 단순한 도구에 불과할까요? 자신이 잘 모르는 미지의 존재에 대해 지나친 기대 또는 두려움을 갖는 것은 누구나 마찬가지입니다. 특히 최근 몇 년 사이에는 연구자나 기술자들도 놀랄 만큼 AI는 엄청난 속도로 발전을 거듭하고 있습니다.

AI를 올바르게 이해하고 함께하는 자세

그렇다면 이러한 환경에서 우리는 AI와 어떻게 마주해야 할까요? 저는 AI를 제대로 이해하는 것이 중요하다고 생각합니다.

여기서 말하는 '이해'란 결코 AI에 사용된 기술이나 개발 역사를 정확하게 파악해야 한다는 뜻은 아닙니다. 예를 들어 우리가 매일 당연하게 사용하는 스마트폰, 에스컬레이터, 전철, 자동차도 기술이나 역사까지 구체적으로 알고 있는 사람은 거의 없습니다. 대신 어떻게 사용하면 편리할지, 무엇을 하면 위험한지, 할 수 있는 것과 아닌 것의 차이를 알고 사용법을 제대로 익혀서 일상에서 편리하게 쓰고 있겠지요. 이 책은 ChatGPT와 같은 대화형 AI로 가능한 일, 그리고 아직은 할 수 없는 일은 어떤 것들이 있는지 전반적인 배경과 개요를 함께 이해할 수 있도록 구성했습니다.

저는 주식회사 디지털레시피(株式会社デジタルレシピ, www.dxr.co.jp)라는 일본 AI 벤처기업에서 이사이자 CTO(최고기술책임자)를 맡고 있습니다. 이 책에서 주로 다루는 주제인 ChatGPT를 만든 OpenAI의 AI를 활용한 문장생성 서비스 'Catchy(캐치)'를 개발하고 있으며, 이미 일본에서는 5만 명 이상의 사용자가 있습니다. 이러한 서비스를 개발하며 쌓은 노하우를 바탕으로 이 책에서는 기술과 비즈니스, 2가지 측면의 지식을 균형 있게 소개하려 합니다. 앞으로 AI를 공부하고 싶거나 ChatGPT를 업무에 활용하고 싶은 분들에게는 딱 맞는 책입니다.

AI의 기술적인 설명에 대해서는 수식이나 전문용어를 최대한 배제하고, 큰 틀에서 기초적인 지식을 파악할 수 있도록 설명하고자 노력했습니다. 그리고 기존 업무에서 대화형 AI를 어떻게 활용할 수 있을지, 신규 비즈니스에서는 어떠한 가능성이 있을지 최신 사례와 구체적인 서비스를 대화 형식으로 알기 쉽게 설명했습니다.

마지막으로 이 책을 접하는 모든 분이 바로 우리 눈앞에 다가온 AI와 함께 하는 미래의 모습을 상상하면서 일과 삶을 더 편리하고 즐겁게 만드신다면, 저자로서 더할 나위 없이 기쁠 듯합니다.

후루카와 쇼이치

차례 🔍

제1장

엄청난 반향을 일으킨 대화형 AI

제2장

ChatGPT와 대화해보자

ChatGPT로 세상은 어떻게 바뀔까?

■ 등장 직후부터 폭발적인 인기를 누린 대화형 AI

2022년 11월 말에 공개된 대화형 AI인 ChatGPT는 출시 5일 만에 사용자 수가 100만 명을 돌파했습니다. 2023년 1월에는 월간 활성 사용자 수(MAU, Monthly Active Users)가 1억 명을 넘었을 정도로 전 세계적으로 엄청난 주목을 받고 있습니다.

게다가 제가 이 책을 쓰고 있는 2023년 3월 중순에는 차세대 모델인 'GPT-4'의 출시까지 코앞으로 다가왔습니다. GPT-4는 텍스트뿐만 아니라 이미지와 동영상까지 다룰 수 있다고 언론에 알려진 바 있습니다. 대화형 AI는 문자 그대로 눈부시게 진화하고 있는 분야입니다.

ChatGPT는 대화 형식으로 구성된 화면에 질문을 입력하면 마치 사람과 이야기하듯 자연스럽게 답변을 얻을 수 있습니다. 이렇게 생성된 텍스트는 정확도가 높을 뿐만 아니라 자연스러운 말투 등으로 좋은 평가를 받고 있습니다. AI로 이런 일까지 할 수 있다니 놀란 사람들도 많겠지요.

하지만 AI는 무엇이든 대답하는 꿈의 도구는 아닙니다. 실제로 사용해 보면 금방 알 수 있겠지만, 종종 잘못된 답변이나 의도와는 다른 답변을 출력하기도 합니다.

문장생성 AI를 잘 아는 전문가에게 배우자

그렇다면 어떻게 하면 ChatGPT와 잘 지낼 수 있을까요? 이 책에서는 문장생성 AI 서비스 Catchy(캐치)를 개발하는 주식회사 디지털레시피의 CTO 후루카와 쇼이치 씨에게 이야기를 들어보았습니다. Catchy는 ChatGPT를 개발한 회사인 OpenAI의 언어 모델 GPT-3를 사용한 서비스입니다. 후루카와 씨는 ChatGPT가 주목받기 전부터 AI의 문장생성 가능성에 주목하고 개발에 참여했습니다. ChatGPT의 기본은 물론 더욱 효과적으로 사용하기 위한 질문 요령, 기술적 구조, 더 나아가 비즈니스 활용 가능성 등에 대해 자세히 이야기를 듣고자 합니다.

그리고 ChatGPT를 사용할 때 피할 수 없는 부정확한 생성 결과나 최신 정보에 대응하지 못하는 문제를 포함해서, 타인의 권리 침해나 악용 위험 등 부정적인 측면을 어떻게 극복할 것인지에 대해서도 설명합니다.

향후 생성형 AI가 진화해서 AI가 사람의 일을 어느 정도 대신할 수 있게 되었을 때, 우리는 AI와 어떻게 공존해야 할지, 사람이 할 일은 무엇인지에 대해서도 다루고 있습니다.

마이크로소프트와 구글도 대화형 AI에 주목

ChatGPT뿐만 아니라 2023년 2월 마이크로소프트는 자사의 검색엔진 Bing(빙)에 ChatGPT의 개선 버전에 해당하는 모델을 사용한 AI 채팅을 탑재했습니다. MS가 서비스를 발표한 지 불과 하루 만에 구글도 대화형 AI를 발표하는 등, 빅테크 기업들도 대화형 AI에 주목하고 개발을 진행하고 있습니다.

인터넷이 보급된 이후 사람들은 모르는 것이 있으면 인터넷으로 검색하는 일을 당연하게 여겼습니다. 여기에 AI에게 채팅으로 물어본다는 새로운 선택지가 추가되면서, 사람들의 행동에도 변화가 나타나고 있습니다.

앞으로는 더욱 다양한 AI 도구들이 등장하면서, 일과 개인 생활 등 일상의 여러 장면에서 자연스럽게 AI를 사용하게 될 것입니다. 이러한 시대에 사람을 위협하는 존재가 아닌, 우리를 도와주는 존재로 AI를 활용하고 함께 공존하는 데 필요한 내용을 배워봅시다.

작가 겸
IT 라이터
사카이 마리코

주식회사 디지털레시피
이사 및 CTO
후루카와 쇼이치

엄청난 반향을 일으킨
대화형 AI

엄청난 관심이 쏟아진
대화형 AI ChatGPT란?

■ 등장 직후부터 폭발적인 인기

채팅 화면에서 손쉽게 문장을 생성할 수 있는 ChatGPT(챗GPT)는 2022년 11월 말에 등장하자마자 전 세계의 주목을 받았습니다. 사람끼리 하는 대화처럼 자연스러운 답변이 돌아오는 것은 물론, 생성된 문장의 퀄리티는 사람이 직접 쓴 글과 비교해도 뒤지지 않는 수준이었습니다. SNS에는 직접 ChatGPT를 사용해 본 사용자들이 남긴 사용 후기나 문장 같은 생성 결과를 공유하는 게시물이 잇따랐습니다.

출시한 지 불과 5일 만에 ChatGPT의 전 세계 사용자 수는 100만 명을 돌파했습니다. 2023년 1월에는 마이크로소프트가 ChatGPT 개발사인 OpenAI에 수십억 달러를 투자한다고 발표하기도 했습니다.

일반 사용자로서는 갑자기 화제로 떠오른 ChatGPT가 마치 혜성처럼 등장한 새로운 서비스처럼 느껴질 수도 있습니다. 하지만 ChatGPT의 기반이 되는 AI 모델 GPT-3는 2020년에 발표되었습니다. 이미 해외에서는 GPT-3를 활용해서 다양한 문장생성 AI 서비스가 활발하게 출시되었습니다. ChatGPT가 기존의 문장생성 AI보다 더욱 큰 주목을 받은 이유는 누구나 무료로 사용할 수 있는 형태로 공개되었다는 점, 그리고 자유도가 높은 대화를 할 수 있기 때문입니다. 아무리 봐도 부자연스러웠던 기존의 AI와는 달리, 진짜 사람과 대화하는 느낌이 들고, 이전에 진행한 대화를 이어받아 이야기를 이어갈 수도 있습니다. 이제야 비로소 다양한 용도로 활용할 가능성이 생겼습니다.

아침에 일어나기 힘든데 일찍 일어날 수 있는 비결을 알려줘.

아침에 일어나기 힘든데 일찍 일어날 수 있는 비결을 알려줘.

일찍 일어나는 비결로는 다음과 같은 사항들이 있습니다.

1. 밤이 되기 전에 천천히 릴랙스하면서 수면의 질을 개선합니다.
2. 같은 시간에 자고 일어나도록 생활 리듬을 정돈합니다.
3. 적절한 운동이나 일광욕을 합니다.
4. 동기를 부여하기 위한 목표 설정이나 일찍 일어났을 때의 장점에 대해서 생각해보는 것도 좋습니다.

1-0-1 ChatGPT에서는 다른 채팅 도구 등과 마찬가지로 메시지(질문)를 입력하면 그에 대한 답변의 형태로 문장이 생성된다(ChatGPT 실제 사용법은 2장에서 설명). https://chat.openai.com/chat

이미지 생성 AI의 인기 덕분에 줄어든 거부감

AI로 글을 쓰는 도구가 이처럼 큰 인기를 끈 배경에는 2022년 여름부터 폭발적으로 성장한 이미지 생성 AI의 존재도 큰 영향을 미쳤습니다. AI로 사람 못지않은 퀄리티를 만들어낼 수 있다는 인식이 널리 퍼지면서, AI로 무언가를 만들어내는 과정에 대한 심리적 저항감이 줄어들었습니다. 그 결과 이미지에 이어 AI가 글도 생성했다는 생각에 별다른 거부감 없이 받아들인 사용자가 많았던 것 같습니다.

물론 오늘날의 ChatGPT는 만능 도구가 아닙니다. 잘못된 내용을 대답하기도 하고, 대화가 제대로 이어지지 않기도 합니다. 하지만 앞으로의 업무와 생활에 큰 영향을 미치는 도구가 될 가능성이 있다는 점은 분명합니다.

1장에서는 실제로 몇 가지 문장을 생성해보면서 ChatGPT가 주목받는 배경, 어떤 일을 할 수 있는지, 그리고 기존 문장생성 AI와의 차이점 등 ChatGPT에 대한 기초 지식을 알아보겠습니다. 그리고 ChatGPT가 등장하기까지의 역사와 더불어 챗봇, 시리(Siri) 등 대화 형식으로 이야기할 수 있는 다른 도구와 어떻게 다른지도 알아보겠습니다.

1

대화로 문장을 만드는 AI가 주목받는 이유

채팅 형식으로 사람끼리 대화하듯 글을 작성할 수 있는 AI인 ChatGPT가 주목을 받는 가운데, AI 서비스를 제공하는 회사에서 CTO로 일하는 전문가에게 왜 지금 ChatGPT가 주목을 받는지 물어보았습니다.

일반인들도 바로 사용할 수 있는 대화형 AI

 최근 **대화 형식으로 문장을 생성해주는 AI인 ChatGPT**가 엄청난 관심을 받고 있는데요. 순식간에 화제를 일으키며 널리 퍼졌는데, 어떤 계기로 이런 서비스가 등장했나요?

ChatGPT는 AI를 연구하고 개발하는 **OpenAI**라는 단체에서 출시했습니다. 사실 ChatGPT가 등장하기 이전에 OpenAI는 텍스트 생성과 관련해 API나 조금 복잡한 설정이 필요한 동작 환경을 제공하는 정도에 불과했고, ChatGPT처럼 누구나 손쉽게 사용할 수 있는 서비스를 내놓지는 않았어요.

> API(Application Programming Interface)란 프로그램을 외부의 애플리케이션에 통합하기 위한 장치이다. API를 이용하면 해당 프로그램을 이용한 자체 서비스 개발 등이 가능하다.

 한정된 사람만 사용할 수 있었는데 일반인들이 이용할 수 있는 형태의 서비스가 등장하면서 관심이 쏟아진 건가요?

그렇습니다. ChatGPT는 2022년 11월 30일에 출시되자마자 **불과 5일 만에 전 세계 사용자 100만 명**을 돌파하는 등 엄청난 돌풍을 일으켰습니다. 각국의 언어로 사용할 수 있다 보니 국내에서도 크게 화제가 되었어요.

사용자가 증가하는 추세를 보면 등장하자마자 엄청난 속도로 성장했다는 사실을 알 수 있는데요. 새로운 서비스가 이렇게까지 빠르게 **세상에 널리 퍼진 이유는 무엇인가요?**

이미지 생성 AI의 인기가 배경에 있다고 봅니다. 2022년 여름부터 Stable Diffusion, Midjourney 등 일반 사용자들이 이용할 수 있는 이미지 생성 AI 서비스가 등장했고, SNS 등을 통해 수많은 이미지가 공유되었어요.

> 이미지 생성 AI란 문장이나 키워드를 입력하면 그로부터 떠오르는 이미지를 생성하는 AI 를 뜻한다. Stable Diffusion(스테이블 디퓨전)이나 Midjourney(미드저니)가 유명하다.

 최근에는 AI가 그린 그림을 자주 볼 수 있어요. 지금까지 사람이 만들던 콘텐츠를 AI가 만든다는 것에 대한 거부감이 줄어들었을지도 모르겠네요.

그렇죠. **이미지 생성 AI 덕분에 AI를 받아들이는 분위기**가 생겼습니다. 그래서 텍스트를 생성하는 ChatGPT도 비교적 호의적으로 생각하는 사람들이 많 지 않았나 싶어요.

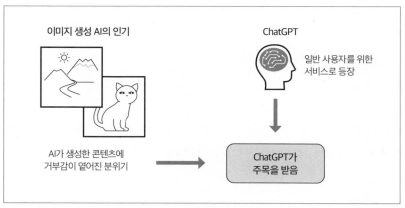

1-1-1 이미지 생성 AI의 인기 덕분에 AI가 생성한 콘텐츠에 거부감이 옅어진 가운데, 일반 사용자들이 사용할 수 있는 서비스가 등장하면서 주목받았다.

ChatGPT 기반은 GPT 모델

 ChatGPT가 등장하기 이전에도 개발자를 위한 도구가 제공되었다고 들었는데요, 어떤 도구인가요?

GPT-3라는 AI 모델 API를 제공했습니다. 참고로 ChatGPT에서는 이보다 개선된 **GPT-3.5**라는 모델을 사용합니다.

 ChatGPT와 마찬가지로 **'GPT'**라는 단어가 붙어있네요. 어떤 뜻인가요?

'Generative Pre-trained Transformer'의 약자로, Generative는 생성, Pre-trained는 사전 학습을 의미하는 단어이며, Transformer는 AI의 학습 모델 중 하나입니다.

Generative	**P**re-trained	**T**ransformer	➡ 사전 학습 모델
생성	사전 학습	학습 모델 종류	

1-1-2 GPT는 OpenAI가 제공하는 AI 모델의 이름으로 '사전 학습 모델'이라는 뜻이다.

 뭔가 어려운 것 같은데요. **기존의 AI 개발과는 어떻게 다른가요?**

일본 라멘에 비유하자면 제대로 된 스프와 면을 만드는 방법이 기존 AI 개발이고, 컵라면이 GPT 모델이라고 생각하시면 됩니다.

 일본 라멘을 만든다 치면 뼈에서 육수를 뽑고, 면을 뽑는 등 번거로운 과정을 거쳐야 하죠. 이런 과정이 기존 AI 개발과 비슷하다고 할 수 있겠네요.

AI 모델을 개발하려면 대량의 데이터를 AI에 가르쳐서 AI를 똑똑하게 만들어야 하는데, 여기에는 상당한 시간과 노력이 들어갑니다.

그에 비해서 컵라면처럼 뜨거운 물을 부어서 바로 먹을 수 있는 상태가 GPT라는 말씀이신가요?

맞습니다. **웹에 있는 방대한 데이터를 학습해서 어느 정도 똑똑해진 AI가 GPT-3 같은 모델**이고, API는 이를 활용해 자유롭게 서비스를 만들 수 있는 도구입니다.

1-1-3　기존 AI 개발이 정통 일본 라멘을 제조하는 방식이라면, 사전 학습 모델은 컵라면과 비슷하다. 바로 서비스 개발에 사용할 수 있다.

손이 많이 가는 AI 서비스를 쉽게 개발할 수 있도록 GPT 모델을 제공하고, 개발자들은 이를 활용해 서비스를 만든다는 말씀이죠?

맞습니다. 하지만 ChatGPT가 등장하기 전까지 GPT 모델은 어디까지나 개발자를 위한 것이었고, 일반 사용자는 직접 사용할 수 없었어요.

개발사인 OpenAI가 직접 **누구나 사용할 수 있는 서비스**인 ChatGPT를 내놓으면서 **일반인들도 친숙하게 접할 수 있게** 되었군요.

ChatGPT가
만드는 문장을 살펴보자

ChatGPT에서는 대화를 주고받으면서 새로운 아이디어를 얻거나 이메일과 같은 여러 가지 글의 초안을 작성할 수 있습니다. 여기서는 실제로 생성된 결과물을 통해 ChatGPT가 어떤 서비스인지 살펴봅시다.

사람처럼 자연스러운 대화가 가능

ChatGPT로는 **구체적으로 어떤 일을 할 수** 있나요?

무언가 **질문을 하면 그에 대한 답변을 얻을 수 있습니다.** 시험 삼아 ChatGPT 에게 일찍 일어나기 위한 요령을 질문해봅시다. 다음 그림처럼 평소 친구와 메 시지를 주고받는 느낌으로 입력하면 됩니다.

아침에 일어나기가 힘든데, 아침에 일찍 일어날 수 있는 비결을 가르쳐줘. ➤

대답이 다음 화면이군요. 질문을 쓰니까 곧장 AI가 답을 출력하기 시작하네요. 상당히 구체적이고 내용도 정확하다는 느낌이 들어요.

아침에 일어나기가 힘든데, 아침에 일찍 일어날 수 있는 비결을 가르쳐줘.

아침에 일찍 일어나기 위한 비결로는 다음과 같은 것들이 있습니다. 👍 👎

1. 밤이 되기 전에 천천히 릴랙스하면서 수면의 질을 개선합니다.
2. 같은 시간에 잠들고 일어날 수 있도록 생활 리듬을 개선합니다.
3. 적절한 운동이나 일광욕을 합니다.
4. 동기를 부여하기 위한 목표 설정을 하고, 일찍 일어났을 때의 장점에 대해서 생각해보는 것도 좋습니다.

ChatGPT의 장점은 대화가 한 번 오가고 끝나는 대신 연속적으로 대화할 수 있다는 점입니다. 세 번째 항목인 '적당한 운동'에 대해 어떻게 하면 좋을지 조금 더 자세하게 물어볼게요.

 적절한 운동을 추천해줘.

🤖 적절한 운동으로는 다음과 같은 것들이 있습니다.

1. 산책이나 조깅: 공기를 들이마시면서 몸을 움직이는 데 적응합니다.
2. 스텝업: 집에서도 할 수 있는 운동으로, 칼로리를 소비할 수 있습니다.
3. 요가나 스트레칭: 릴랙스 효과가 있어서 수면의 질을 개선합니다.
4. 스위밍이나 수영: 운동량이 많고 몸과 마음 모두 활력을 찾을 수 있습니다.

단, 운동량이나 강도는 개인 차이가 있으므로 자신에게 맞는 운동을 고르는 것이 중요합니다. 또한 운동은 건강한 생활 일부이며 과도한 운동은 피해야 합니다.

운동에 대한 구체적인 조언이 돌아왔네요. 네 번째 항목인 '스위밍이나 수영'이라는 부분은 조금 이상하긴 하지만, 전체적으로 크게 위화감도 없고 **정말 사람과 이야기하는 느낌**이에요.

한 번 질문을 던져서 돌아온 대답을 그대로 사용하기보다는 대화를 반복하다 보면 아이디어를 확장해나갈 수 있는데, 마치 테니스공을 치듯 대화하면 강점을 발휘할 수 있어요.

■— 문서 작성 등은 수정이 필요

 조금 전에는 고민 상담 용도로 시험해보았는데요. 예를 들어 **업무에서 사용할 문장을 만들어달라고 ChatGPT에 요청**할 수도 있나요?

현재로서는 ChatGPT와 같은 **AI만으로 완성도 높은 문장을 만들기는 어렵습니다.** 대신 ChatGPT로 초안을 생성한 다음 사람이 직접 마무리하는 식으로 사용하면 좋아요. 시험 삼아 이메일 문장을 만들어 볼까요(다음 페이지 화면).

다음 내용으로 메일 회신을 작성해주세요.

- 영업을 거절하는 메일
- 예전에 제안받은 '시스템A'에 대해서 도입을 보류하고 싶음
- 이유는 현재 '상태로는 비용 면에서 어려운 점, 우리 회사에는 필요 없는 기능이 많은 점
- 제안해준 내용에는 감사함.

제목: 도입 보류에 대해 👍 👎

안녕하세요,

지난번에는 '시스템A'를 제안해주셔서 감사드립니다.
아쉽지만 현재 상황상 비용 면에서 어려워서 도입을 보류하게 되었습니다.
또한 저희 회사에는 필요 없는 기능이 많으므로 이들을 제외하고 도입을 생각할 수도 없습니다.
제안해주신 내용에 대해서는 감사드립니다.
앞으로도 잘 부탁드립니다.

감사합니다.

 확실히 **수정이 필요하긴 하네요.** 하지만 초안만 있어도 메일 작성이 훨씬 수월할 것 같아요.

다만 그 전에 기억해야 할 점이 있는데, **ChatGPT는 잘못된 정보도 자주 말한다**는 점입니다.

 정말요?

틀린 내용을 마치 맞는 정보처럼 표현해서 대답하기도 합니다. AI의 대답을 그대로 믿지 말고 반드시 내용이 맞는지 사실을 확인해야 해요. 구체적으로 어떤 점을 조심해야 하는지는 5장에서 자세히 설명하겠습니다.

 AI에 무조건 전부 맡기는 대신 **마무리는 직접 하고, 답변이 진짜인지 확인하는 작업을 전제로 활용하는 도구**라는 말이군요.

3 ChatGPT의 특징

ChatGPT는 기존의 문장 관련 AI나 전신인 GPT-3와 비교할 때 어떤 점이 더 뛰어날까요? 구체적인 장점에 대해 알아봅시다.

추출이 아닌 생성도 가능

실제로 사용해보니 ChatGPT의 성능이 얼마나 뛰어난지 알겠어요. 문장을 다루는 AI는 이전에도 있었지만, 그러한 서비스와 비교할 때 **ChatGPT의 장점은 무엇일까요?**

연속적인 대화가 원활하게 이뤄진다는 점과 생성되는 문장의 퀄리티가 높다는 점입니다. 특히 문장을 생성하는 부분은 주목할 만합니다. 기존에 언어를 다루는 AI는 대부분 기존 정보에서 무언가를 추출하는 용도가 대부분이었기 때문이에요.

수많은 텍스트 중에서 필요한 내용을 뽑아내는 식이었죠?

맞아요. 예를 들어 AI를 활용해 기업의 결산 속보를 작성하는 서비스가 있는데, AI는 주로 기업의 결산 자료에서 중요한 정보를 추출하는 작업을 담당하고 있습니다.

자료에서 어느 부분에 매출이 기재되어 있는지 학습한 AI가 특정 수치를 뽑아서 준비된 기사 양식에 맞추는 식인가요?

그렇죠. 실제로는 좀 더 복잡할 수도 있지만, 어디까지나 데이터를 추출하고 요약할 뿐이라 새로운 무언가를 만들어내지는 않았어요.

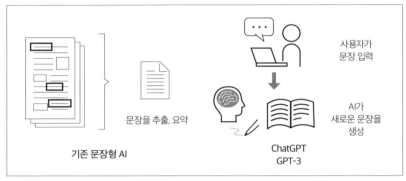

1-3-1 기존에 텍스트를 다루는 AI는 문장을 추출하고 요약하는 작업이 대부분이었지만, ChatGPT와 같은 생성형 AI는 새로운 문장을 만들어낼 수 있다.

 ChatGPT는 앞서 시험해본 '일찍 일어나는 요령'의 구체적인 방법처럼 새로운 정보가 나오네요.

ChatGPT 같은 GPT 모델은 '일찍 일어나고 싶다'라는 정보에서 구체적인 방법을 답변할 수 있도록, **적은 양의 정보를 부풀려서 새로운 텍스트를 생성해냅니다.** 이 점이 ChatGPT가 실용적인 측면에서 기대되는 이유 중 하나입니다.

오류를 지적하는 ChatGPT

 그런데 GPT-3와 ChatGPT는 성능 면에서 차이가 있나요?

ChatGPT는 실수를 실수라고 말할 수 있고, 전제를 부정할 수 있다는 점에서 기존 GPT-3보다 진화했습니다. 예를 들어 다음은 GPT-3 기반의 AI 서비스인 Catchy의 화면인데, '플라스틱은 맛있게 먹을 수 있나요?'라는 질문에 대한 답변입니다.

플라스틱을 맛있게 만들기 위해서는, 플라스틱이 식품이 아니므로 불가능합니다. 그러나 플라스틱에 설탕이나 시럽, 향신료, 오일 등 식품용 제품을 코팅하면 접촉하는 식품의 맛을 끌어올릴 수 있습니다. 추가로 제조공정에서 플라스틱에 향료를 첨가하면 보다 나은 풍미를 줄 수 있습니다.

 마치 시럽을 뿌리면 진짜로 먹을 수 있는 것처럼 대답하네요.

한편 ChatGPT는 다음과 같이 대답했습니다.

 플라스틱을 맛있게 먹는 방법을 알려주세요.

 플라스틱을 먹는 일은 안전하지도 않고 건강하지도 않으며 맛있게 만들 수도 없습니다. 플라스틱은 합성소재로 되어 있으며, 인체에 해로운 화학물질을 포함할 가능성이 있습니다. 플라스틱을 소비하면 소화기 계통에 문제나 유해물질에 노출되는 등 심각한 건강 문제를 일으킬 가능성이 있습니다. 플라스틱은 적절히 폐기하고 먹지 않는 것이 중요합니다.

 먹지 말아야 한다는 대답이 확실하게 나왔네요. 다행이네요.

여기서는 플라스틱을 먹을 수 있다는 전제를 두고 질문을 했는데, 그렇게 하면 GPT-3는 전제에 맞춰서 답변하게 되거든요.

 전제 자체가 틀렸다는 지적은 해주지 않네요.

네, ChatGPT는 인간에게 해롭지 않은 유용한 내용을 출력하도록 조정되어 있는데, 이는 **사람끼리 하는 대화와 비슷한 커뮤니케이션이 가능**하다는 뜻입니다.

만약 사람끼리 하는 대화라면, "플라스틱을 맛있게 먹으려면 어떻게 해야 할까?" 하고 누군가 물어보더라도 "무슨 소리야? 플라스틱은 먹으면 안 되잖아"라는 식으로 이야기가 흘러가겠죠.

ChatGPT는 사람들의 대화를 학습하는 만큼 사용자가 입력한 정보를 그대로 받아들이지 않고, **전제를 부정하거나 잘못된 내용을 틀렸다고 지적할 수도** 있어요.

기존 약점을 극복하고 사람끼리 하는 대화 같은 정확도에 한 발짝 더 다가간 셈이네요.

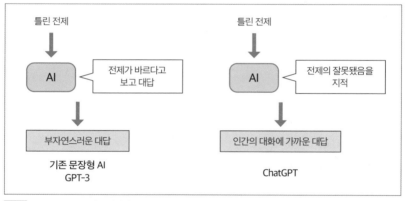

1-3-2 GPT-3는 주어진 전제가 틀려도 전제에 맞는 답을 내놓았지만, ChatGPT는 이러한 약점을 극복했다.

기존 AI의 수준을 뛰어넘은 AI

지금까지 살펴본 것처럼 자연스러운 문장을 만들 수 있다는 점이 ChatGPT에게는 기대가 큰 이유군요.

맞아요. 지금까지 AI가 쓴 글은 'AI치고는 잘 쓴다'라는 수준에 그쳤어요.

사람이 쓴 글이 더 뛰어나지만, AI가 쓴 글도 의외로 나쁘지 않다는 정도로 이해하면 될까요?

네, 뭔가 아래로 보는 느낌도 있었고, 아무래도 AI보다는 사람이 더 낫다고들 생각했죠. 하지만 ChatGPT를 통해 드디어 **사람보다 높은 퀄리티의 글을 쓸 수 있을 정도로 발전했다는 사실**을 인정하는 분위기가 형성되는 듯합니다.

 아직 완벽하진 않지만 수정하면 쓸만한 초안을 만들어주거나 대화 상대가 되어 주는 수준이라고 할 수 있겠네요.

한국어와 영어로 입력할 때 다른 점

 사용자의 언어로 그대로 사용할 수 있다는 점도 ChatGPT가 편리한 부분인 것 같아요. **질문을 사용자의 언어로 입력할 때와 영어로 입력할 때는 어떤 차이가 있나요?**

답변이 돌아오는 속도는 영어가 더 빠릅니다. 아직 영어 외의 언어와 영어를 비교하면 답변 대기 시간이 더 걸리는 등 성능 면에서 뒤떨어질 가능성이 있죠. 하지만 기본적으로는 **사용자의 언어로도 문제없이 사용할 수 있어요.** 영어 이외의 언어 성능이 향상하는 부분도 앞으로 ChatGPT가 진화하는 측면에서 기대해볼 만하겠죠.

 ChatGPT는 새로운 텍스트를 만들어내는 '생성'에 강점이 있다는 사실, **GPT-3에 비해 조금 더 사람의 대화에 가까운 상호작용이 가능하다는 점**, 그리고 **사용자의 언어로도 문제없이 사용할 수 있다는 점**이 **매력적**이라고 할 수 있겠네요.

ChatGPT가 등장하기까지

ChatGPT가 등장하기 전에도 문장생성 AI 모델 GPT-3가 있었고, 이를 이용한 AI 서비스가 개발되었습니다. ChatGPT가 출시되기까지의 과정도 알아봅시다.

시장을 뜨겁게 달군 GPT-3

 ChatGPT 이전에는 **GPT-3**라는 모델이 있었다는데 어떤 과정을 거쳐 등장했나요?

GPT-3는 앞서 소개한 OpenAI의 문장생성 AI 모델로 2020년 6월에 출시되었습니다. 하지만 ChatGPT와는 달리 API로 제공되었어요.

 다시 말하자면 **개발자가 프로그램을 만들어서 서비스 형태로 출시해야만 일반 사용자들이 혜택을 누릴 수 있다는 뜻**이군요.

맞습니다. 또한 입력한 글자 수나 출력한 글자 수에 따라 API를 이용하는 요금을 부과했기 때문에 개인 개발자에게는 금전적인 부담이 컸습니다.

 그럼 GPT-3를 활용해서 만든 AI 서비스는 어떤 것들이 있나요?

영어로 제공되는 서비스로는 Jasper(재스퍼)와 CopyAI가 특히 유명해요. 두 서비스 모두 사용자가 입력한 정보로 블로그나 SNS 게시글을 생성합니다.

 최소한의 정보로 문장을 만든다는 점에서 ChatGPT와 비슷하네요.

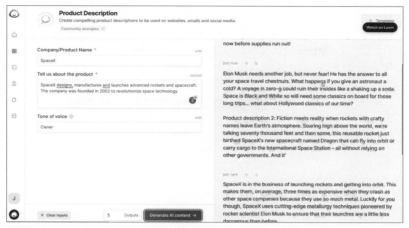

1-4-1 Jasper는 2021년 1월 창업한 스타트업의 서비스이다. 블로그 글이나 쇼핑몰 사이트 상품 설명 등을 생성할 수 있다. https://www.jasper.ai/

참고로 Jasper는 설립한 지 18개월 만에 15억 달러의 가치를 인정받는 등 투자자들 사이에서도 큰 주목을 받았습니다. 이외에도 많은 서비스가 있는데, 영어권에서는 2020년 기준 상당한 성장세를 보였습니다.

 ChatGPT가 등장하기 전부터 이미 문장생성 AI가 인기를 끌었군요. 한국이나 일본 기업의 서비스는 그렇게 많지 않아 보여요.

일본의 AI 스타트업 ELYZA(엘리자)가 웹브라우저에서 뉴스 기사를 작성하거나 메일 본문을 쓸 수 있는 ELYZA Pencil이라는 서비스를 공개하고 있습니다. 또 제가 CTO를 맡은 일본의 디지털레시피(www.dxr.co.jp)에서도 2022년 6월부터 문장생성 서비스 **Catchy**를 제공하고 있습니다(비슷한 서비스로 한국의 '뤼튼 wrtn.ai'이 있는데, 한국어에 특화한 문장생성 AI 서비스를 제공하고 있다).

 해외보다는 조금 늦게 서비스가 출시된 듯하네요. 영어 이외의 언어로 이용할 수 있는 서비스가 앞으로도 늘어나면 좋겠어요.

Catchy는 일본어에 특화된 문장생성 서비스이다. 블로그 글, 광고 문구, 이메일 문장 등 다양한 용도에 사용할 수 있다. https://lp.ai-copywriter.jp/

개발사 OpenAI

 ChatGPT와 GPT-3를 내놓은 **OpenAI는 어떤 조직**인가요?

2015년에 샘 올트먼, 일론 머스크, 피터 틸 등 유명 투자자들이 설립한 **연구기관으로, 기본적으로 비영리 법인 형태**를 띠고 있습니다.

1-4-3

OpenAI는 다양한 분야의 AI를 개발하는 비영리 법인이다. 이미지 생성 AI로 화제가 된 DALL-E2도 이 회사가 개발했다. https://openai.com/

30

세상을 크게 바꿀 수 있는 기술을 만들고 있는데, 비영리라니 조금 의외네요.

정확히는 비영리 연구기관인 'OpenAI Inc.'의 자회사로 영리법인인 'OpenAI LP'가 그 밑에 있는 식이라 조금 복잡한 구조예요.

 문장생성 외에는 어떤 AI를 개발하고 있나요?

이미지를 생성하는 DALL-E2(달리2), 음성 인식 Whisper(위스퍼), 3D 모델을 생성하는 Point-E 등 다양한 분야의 AI를 개발하고 있어요.

 이미지 생성 AI인 DALL-E2로 생성한 일러스트를 SNS에서 본 적이 있어요. 3D 모델을 생성할 수 있는 AI도 대단해 보이는데, 이쪽은 아직 별다른 소식은 없나요?

저는 상당히 기대하고 있는데, 개발자 대상으로 공개된 지 아직은 초기 단계라서 사람들의 관심을 받으려면 좀 더 시간이 필요하지 않을까 싶네요.

 일반 사용자들이 사용할 수 있는 형태로 서비스가 확산하려면 앞으로 기대해봐야겠죠?

1-4-4 OpenAI가 개발하는 AI로 글, 이미지, 음성, 3D 모델 등 다양한 AI 모델을 개발하고 있다.

갑자기 등장한 ChatGPT

 그러고 보니 GPT-3가 출시된 이후 ChatGPT가 등장하기까지는 2년 넘는 시간이 있었네요. 그동안 새로운 움직임은 없었나요?

개발자들 사이에서는 2022년쯤 차기 버전인 GPT-4가 나온다는 소문이 있었습니다. 그렇지만 좀처럼 출시되지 않던 차에 갑자기 GPT-3의 개선 버전인 GPT-3.5와 ChatGPT가 등장했죠.

 GPT-4를 기다리던 사람으로서는 생각했던 모습과는 다르지만 또다른 의미에서 대단하다는 느낌이려나요?

그렇죠. 개발자들은 처음부터 관심이 많았고, 여기에 ChatGPT는 **일반 사용자들이 바로 사용할 수 있는 형태였기 때문에 단숨에 일반인들에게도 퍼져** **나갔어요.**

 참고로 GPT-3 이전 버전도 있었죠? 성능은 어땠나요?

GPT-3의 이전 모델인 GPT-2는 2019년 2월에 출시되었습니다. 하지만 여전 히 'AI치고는 나쁘지 않은 수준'에 머물렀어요.

 지금까지 다양한 AI를 개발한 OpenAI가 개발자를 위한 API 형태로 GPT-3를 공개하고, 이를 활용한 서비스들이 탄생했다는 사실을 배웠습니다. 그리고 일반 사용자가 사용할 수 있는 ChatGPT가 등장하면서 사람들도 문장생성 AI에 조금 더 익숙해졌다는 점을 알게 되었어요.

5

기존 대화형 AI와
ChatGPT의 차이점

ChatGPT 이전에도 대화 형식으로 질문에 답하는 AI는 존재했습니다. 애플의 시리 같은 가상 어시스턴트는 이미 친숙한 존재일지도 모릅니다. 그렇다면 ChatGPT와는 어떤 점이 다를까요.

시리와의 차이점

 GPT-3를 이용한 서비스나 ChatGPT가 등장하기 전부터 애플의 **시리처럼 대화가 가능한 AI는 이미 있었는데요, 이러한 서비스와는 어떤 점이 다른가요?**

역사를 거슬러 올라가면 1950년대부터 AI 연구가 시작되었고, 1960년대에는 챗봇의 원조라고 할 수 있는 **ELIZA**(일라이자)라는 프로그램이 나왔습니다.

챗봇은 사용자의 질문에 대해 자동으로 답변하는 대화형 프로그램을 말한다. 참고로 ELIZA와 앞서 소개한 ELYZA는 서로 다른 프로그램이다.

 그렇게 오래전부터 연구가 진행 중이었군요! ELIZA는 어떤 일을 할 수 있었나요?

주로 상담이 목적이었는데, **규칙 기반(특정 질문을 하면 특정 대답을 한다)이라고 해서 규칙이 설정된 비교적 간단한 프로그램**입니다.

 예상하지 못한 질문에는 대답할 수 없겠네요.

그래서 특정 용도에 한정해 사용하는 방식이 대부분이었어요.

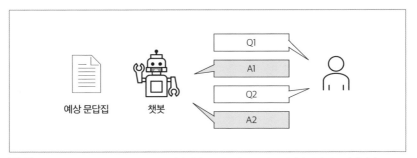

1-5-1 규칙 기반이라는 챗봇은 미리 준비된 답변 중 질문에 맞는 답을 선택해 대답하는 방식이다.

 시대가 많이 발전해서 그런가, 애플의 시리는 다양한 질문에도 유연하게 답변하는 느낌이 들어요. 규칙 기반 챗봇과는 종류가 다른가요?

시리도 "오늘 날씨 확인해줘"와 같이 어느 정도 답변이 정형화되어 있고 비교 적 형식적인 대화를 하므로 결국 목적은 비슷해요.

 하지만 단순히 질문과 답이 정해져 있다고 하기에는 대답하기 힘들 것 같은 복잡한 질문에도 대답을 해주던데요?

문맥을 보다 정확하게 이해하게 되면서 엉뚱한 답변이 줄어들고, 답을 선택 **하는 판단 기준이 늘어나면서 높은 정확도**를 보이게 된 것 같습니다.

 가끔 SNS에서 시리와 나눈 재미있는 대화를 공유한 사례를 봤어요. 그렇지만 시리가 스스로 생각하는 건 아닌가요?

아마 사용자가 던지는 변화무쌍한 질문에 대한 다양한 답이 준비된 것 같 아요.

새로운 대답을 생성할 수 있는 ChatGPT

 ChatGPT는 시리 같은 기존 챗봇이나 대화형 AI와 비교할 때 어떤 점이 뛰어날까요?

한마디로 **새로운 답을 생성할 수 있는 부분이 가장 큰 장점**입니다. 예를 들어 "오늘 좀 피곤한데, 점심은 뭘 먹으면 좋을까?" 같은 질문에도 바로 대답을 만들어낼 수 있어요.

 오늘 좀 피곤한데 점심은 뭘 먹으면 좋을까?

피곤할 때는 영양 균형이 잘 갖춰진 식사가 중요합니다. 예를 들어 단백질을 포함한 식품(닭고기 나 두부 등)과 탄수화물을 포함한 식품(밥이나 빵 등), 채소를 균형 있게 섭취하기를 추천합니다. 그 리고 과도한 음주나 카페인 섭취는 피해주세요.

1-5-2 ChatGPT에 피곤한 날에 먹으면 좋은 점심 메뉴를 물어본 결과이다. 피곤하다는 말에 알맞은 대답을 하고 있다.

 시리는 이런 질문을 던지면 그냥 근처 식당을 검색해 알려줘요. 오늘 피곤하다는 부분에 맞춰서 대답이 나오지는 않거든요.

ChatGPT와 GPT-3는 인터넷에 존재하는 방대한 데이터를 학습하고 있어요. 이러한 데이터를 통해 그때그때 **대화에 맞는 최적의 답변을 새롭게 만들어낼 수** 있습니다.

 미리 **준비된 답을 고르는 것이 아니라, 즉시 답을 생성**하기 때문에 다양한 질문에도 크게 이상하지 않은 답변을 할 수 있다는 거네요. 과거 프로그램들이 어떻게 진화했는지 알아보니 ChatGPT가 얼마나 대단한지 잘 이해할 수 있었어요.

마이크로소프트도 기대를 거는 OpenAI

ChatGPT가 출시된 지 두 달이 채 지나지 않은 2023년 1월 말, 마이크로소프트는 Open AI에 향후 몇 년 동안 수십억 달러를 투자할 것이라고 발표했습니다. 양사는 이전에도 파트너십을 맺었고, 2019년과 2021년에도 마이크로소프트가 OpenAI에 투자한 바 있습니다. 이번 발표는 세 번째 투자 및 파트너십 지속을 공식화했습니다.

마이크로소프트의 비즈니스용 클라우드 서비스인 Azure(애저)에서도 GPT-3.5를 비롯한 OpenAI의 AI 모델 API를 이용할 수 있는 기능도 제공되어, 개발자들이 더욱 쉽게 서비스를 개발할 수 있는 환경이 조성되었습니다.

2022년 2월에는 마이크로소프트의 검색엔진 Bing에 최신 GPT 모델을 사용한 대화형 AI 도구가 탑재되어, 웹의 검색결과를 대화에 반영할 수 있어서 큰 주목을 받고 있습니다. 앞으로도 양사의 관계는 점점 더 강화될 전망입니다.

1-C-1　마이크로소프트는 2023년 1월 OpenAI에 추가 투자 및 파트너십 지속 계획을 발표했다(이미지는 마이크로소프트의 보도자료).

ChatGPT와
대화해보자

ChatGPT를
사용하면서 이해하기

실제 사용하면서 요령 익히기

2장에서는 ChatGPT를 사용하여 실제로 문장을 생성해보겠습니다. ChatGPT에서는 대화 형식으로 표시되는 화면에 지시나 질문을 입력하면 답을 얻을 수 있습니다. 게다가 같은 채팅 내에서 질문을 계속 던지며 첫 번째 답변에 대해 더 깊이 파고들거나 이해하기 어려웠던 부분을 명확히 할 수도 있습니다.

이렇게 연속적인 대화가 가능하다는 점은 ChatGPT의 큰 강점입니다. ChatGPT가 등장하기 전에도 GPT-3처럼 언어 모델을 활용한 문장생성 AI 서비스는 있었지만, 질문과 답변은 기본적으로 한 번 오가고 끝났습니다. 이와 달리 ChatGPT는 앞선 질문에 이어서 더욱 자세한 내용을 물어볼 수 있는 만큼 보다 깊이 있는 정보를 얻을 수 있습니다.

다만 원하는 답변을 제대로 얻으려면 질문이 정확해야 합니다. 모호한 질문을 하면 마찬가지로 모호한 대답이 돌아올 뿐입니다. 이용자 스스로 어떤 것을 알고 싶은지, 질문의 주제에 대해 어느 정도 지식이 있는지 인식하고 이를 언어화하여 AI에게 전달하는 기술이 필요합니다. 하지만 첫 번째 질문에서 원하는 답을 얻지 못하더라도 질문을 반복하다 보면 원하는 답에 가까워질 수 있습니다. 실제로 다양한 지시나 질문을 입력하며 시행착오를 거치면서 차근차근 요령을 익혀나갑시다.

> 🔲 젊은 회사원들을 대상으로 하는 책에 실을 칼럼을 쓰려고 하는데, 향후 ChatGPT의 가능성에 대해 100자 정도로 정리해주세요.

> 💬 ChatGPT는 인공지능으로 자연어 처리기술을 활용한 챗봇과 같은 고객 지원이나 FAQ 자동응답, 콘텐츠 생성, 번역 등 다양한 분야에 걸쳐 업무 효율화에 도움이 될 가능성이 있습니다. 그리고 가까운 시일 내에 딥러닝 기술이 진화하면서 보다 자연스러운 대화가 가능한 등 장래에 활용 가능성도 큽니다.

> 🔲 좀 추상적인 것 같은데 조금 더 구체적으로 알려주세요.

> 💬 ChatGPT는 자연어 처리를 활용한 챗봇이나 FAQ 자동응답 시스템 등, 고객 지원이나 콘텐츠 생성에 이용할 수 있습니다. 또한 번역이나 문장 요약, 문장 작성 등 다양한 작업에도 활용할 가능성이 있습니다. 딥러닝 기술 진화에 따라 보다 자연스러운 대화가 가능합니다.

> 🔲 여러 가지 작업이란 무엇인가요?

> 💬 ChatGPT는 자연어 처리를 활용하면서 다양한 작업을 실현할 수 있습니다. 예를 들어…
> • 고객 지원용 챗봇이나 FAQ 자동응답…

2-0-1　사람끼리 채팅하듯 질문을 주고받으며 문장을 생성할 수 있다. 다만 생성된 내용이 정확하지 않을 수 있으므로 반드시 확인해야 한다.

■ 생성된 문장의 사실 확인은 필수

ChatGPT가 생성하는 문장은 매우 자연스럽고 깔끔하게 정리된 경우가 많습니다. 하지만 내용이 항상 정확하지는 않습니다. 문장은 그럴듯하지만 내용이 틀렸거나, 문장에 포함된 숫자나 통계 정보에 근거가 전혀 없기도 합니다. 이는 ChatGPT가 기존 웹상의 데이터를 학습하고 그럴듯한 답변을 확률에 따라 출력할 뿐이기 때문입니다. 잘못된 내용이 생성되는 경우도 적지 않습니다. 그리고 기존 웹의 데이터를 사용하는 만큼 이전에 있던 것과 유사한 콘텐츠가 생성될 가능성도 있습니다. 따라서 ChatGPT로 만든 글을 실제 업무 등에 사용할 때는 반드시 내용이 맞는지, 타인의 권리를 침해하지 않았는지 확인해야 합니다.

　2장에서는 ChatGPT의 기본적인 사용법과 원하는 결과를 얻기 위한 질문 요령, 그리고 ChatGPT를 사용할 때 주의사항과 생성형 AI와의 연계 가능성도 소개합니다.

1 ChatGPT, 시작해보자

ChatGPT는 회원가입을 하면 누구나 쉽게 이용할 수 있습니다. 이메일이나 전화번호 이외에도 구글 계정 등으로 손쉽게 회원가입을 할 수있습니다(이하 내용은 2023년 3월 기준).

계정만 등록하면 누구나 이용 가능

 ChatGPT는 한국어로도 이용할 수 있다는데, 사이트 자체는 영어로 되어 있네요. **처음 사용하더라도 쉽게 등록할 수 있나요?**

방법은 간단합니다. ChatGPT 사이트(https://chat.openai.com/auth/login)에서 [Sign up]을 선택해 계정을 만들면 됩니다. 이때 이메일과 전화번호가 필요하지만, 구글이나 마이크로소프트 계정을 사용할 수도 있습니다. 계정을 만들고 [Log in]을 선택하고 로그인해서 이용하면 됩니다.

 계정 등록을 하면 정말 무료로 사용할 수 있나요?

무료로 모든 기능을 이용할 수 있습니다. 다만 무료 버전은 이용자의 접속이 몰릴 때는 로그인이 되지 않을 수 있어요.

 업무용으로 사용할 때는 조금 불편하네요.

그럴 때는 유료 버전인 **ChatGPT Plus**(월 20달러)가 있습니다. 트래픽이 몰릴 때도 접속할 수 있고, 응답 속도가 더 빠르면서 새로운 기능을 먼저 이용할 수 있다는 점이 무료 버전과 다른 점이에요.

일반적인 채팅처럼 손쉬운 사용법

 계정을 만든 후에는 어떻게 사용하나요?

간단해요. 화면 하단의 **텍스트 입력란에 질문을 입력하고 보내기 아이콘을 누르면** 됩니다.

 일반적인 채팅과 똑같네요.

같은 창에서 계속 대화를 이어가면 이전 질문에 대한 답변을 받을 수도 있어요. 다른 주제로 바꾸고 싶다면 왼쪽 위에 있는 '+New chat'을 클릭해 새로운 대화를 시작할 수도 있습니다.

 회원가입만 하면 딱히 조작도 어렵지 않고 사용법도 정말 간편하네요.

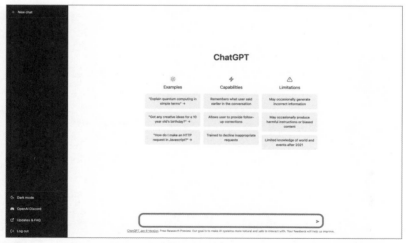

2-1-1 화면 하단 입력란에 텍스트를 입력해 대화를 시작한다. 다른 주제로 대화를 하고 싶을 때는 왼쪽 위의 '+ New chat'을 클릭한다.

2

ChatGPT가 말하는
ChatGPT

이번에는 ChatGPT란 무엇인가에 관해 ChatGPT와 나눈 대화를 그대로 실었습니다. 그리고 마지막에는 짧은 칼럼을 작성해달라고 요청했습니다. 사람이 쓴 글과 비교하면 어떤 느낌일까요?

ChatGPT에게 ChatGPT에 관해 질문한 결과

 ChatGPT란 무엇인가요?

ChatGPT는 OpenAI가 개발한 언어 모델입니다. GPT는 'Generative Pre-trained Transformer'의 약자로, 언어 생성 작업에 특화된 딥러닝 모델입니다. ChatGPT는 자연스러운 문장을 만들기 위해 대량의 텍스트 데이터를 학습하고 있습니다. 따라서 질의응답이나 문장생성과 같은 작업에 사용할 수 있습니다.

 저는 **AI에 대해 잘 모르는데,** 딥러닝 모델에 대해 알기 쉽게 설명해주세요.

딥러닝(Deep Learning)은 인공신경망(Artificial Neural network)을 이용한 기계학습의 일종으로, 인간의 뇌를 모방한 구조로 되어 있습니다.
　딥러닝 모델에는 여러 개의 계층(layer)이 있으며, 이러한 계층들을 조합하여 복잡한 데이터를 처리할 수 있습니다.
　가장 일반적인 딥러닝 모델 중 하나는 합성곱 계층(Convolutional Neural Network, CNN)입니다. 이는 이미지 인식 작업에 특화해서 설계된 모델로, 합성곱 계층과 풀링 계층을 결합하여 이미지에서 특징을 추출할 수 있습니다.
　또한 재귀 신경망(Recurrent Neural Network, RNN)도 딥러닝 모델 중 하나로, 시계열 데이터나 자연어 처리 작업에 적합합니다……. (후략)

전문용어가 많아서 잘 모르겠습니다. **초등학생도 이해할 수 있도록** 신경망에 관해 설명해주세요.

신경망은 인간의 뇌를 모방한 컴퓨터 프로그램을 말합니다. 뇌는 많은 감각과 생각을 하기 위해 수많은 작은 부품(뉴런)들이 연결되어 있습니다. 신경망도 마찬가지로 수많은 작은 부품(뉴런 모델)이 연결되어 데이터를 처리합니다.

예를 들어 이미지 인식 작업을 할 때는 카메라로 입력된 이미지가 신경망에 들어가서 '고양이', '개', '새'와 같은 특징을 추출한 끝에 '고양이'라는 결과를 출력합니다. 일반적으로 신경망은 여러 계층을 있으며, 각 계층은 서로 다른 작업을 담당합니다. 입력층은 데이터를 수신하고, 중간층은 특징을 추출하고, 출력층은 최종 결과를 출력하는 식입니다. 이러한 계층을 결합하여 복잡한 작업을 처리할 수 있습니다.

 책에 실을 칼럼이 필요한데, ChatGPT의 향후 가능성에 대해 100자 내외로 정리해주실 수 있나요?

ChatGPT는 자연어 처리 작업에서 높은 정확도를 가진 딥러닝 모델이며, 향후 진화해서 자연스러운 문장생성 및 대화 시스템을 구현할 수 있을 것입니다. 또한 자연어 처리와 관련된 다양한 애플리케이션에도 이용될 수 있으며, 의료, 법률 등 전문 분야에서도 활용될 가능성이 있습니다.

ChatGPT가 생성한
결과의 활용도

앞에서 ChatGPT에게 'ChatGPT란 무엇인가'라는 주제로 질문해서 답을 얻었습니다. 전문가가 보기에 이 답변은 어떨까요? ChatGPT가 생성한 답변에 대한 피드백을 받았습니다.

전문가가 본 ChatGPT의 답변

 전문가가 보기에 앞장에서 실제로 ChatGPT에 질문한 결과는 어떠셨나요?

먼저 첫 번째 질문인 'ChatGPT란 무엇인가'에 대한 답변은, 간결하게 정의를 내린 후에 세부적으로 설명하고, 거기서 그치지 않고 어떤 분야에 활용할 수 있는지도 언급했습니다. **상당히 깔끔하게 정리했다고** 느꼈어요.

 두 번째 질문에서는 최대한 알기 쉬운 설명을 듣고 싶어서 'AI에 대해서는 잘 모른다'라고 질문자의 지식 수준을 전달했지만 여전히 어려운 용어가 많았어요.

이럴 때 유용한 테크닉이 있는데, 바로 세 번째 질문처럼 **'초등학생도 이해할 수 있도록'**이라는 식으로 구체적으로 설정하면 도움이 됩니다.

 실제로 이렇게 질문했더니 뉴런을 '부품'에 비유하거나 '고양이, 개, 새 등의 특징을~' 이라는 식으로 구체적인 예시를 들어서 설명하네요.

질문의 전제 조건을 전달해서 질문자에게 맞는 표현을 할 수 있는 것도 ChatGPT의 강점입니다.

질문을 거듭하며 더욱 구체화하기

이번에는 '향후 ChatGPT의 가능성'이라는 주제로 문장을 생성해봤는데요. 이쪽은 내용이 조금 모호한 것 같아요.

아마 전제로 지정한 '책에 실을 칼럼으로'라는 표현이 모호하기 때문일 거예요. **어떤 사람들을 독자로 설정한 책인지 구체적으로 지정**해보죠.

> 젊은 회사원을 대상으로 하는 책에 실을 칼럼인데, ChatGPT의 향후 가능성에 대해 100자 정도로 정리해주세요.
>
> ChatGPT는 인공지능에 의한 자연어 처리기술을 활용한 챗봇 등 고객 지원이나 FAQ 자동응답, 콘텐츠 생성, 번역 등 다양한 분야에 걸쳐 업무 효율화에 도움이 될 가능성이 있습니다. 또한 최근 딥러닝 기술 발전에 따라 보다 자연스러운 대화를 실현할 수 있습니다.

첫 번째 답변보다는 구체적이긴 하지만, 아직도 조금 모호한데요.

그러면 좀 더 자세한 설명이 필요하다고 전달해봅시다.

> 좀 추상적이네요. 보다 구체적으로 가르쳐 주세요.
>
> ChatGPT는 자연어 처리를 활용한 챗봇이나 FAQ 자동응답 시스템 등, 고객 지원이나 콘텐츠 생성에 이용할 수 있습니다. 또한 번역이나 문장 요약, 문장 작성 등 다양한 작업에 사용할 수 있습니다. 추후 딥러닝 기술이 진화하면서 보다 자연스러운 대화를 실현할 수도 있습니다.

첫 번째 답변과 내용이 겹치는 부분도 있지만, 번역이나 문장 요약처럼 구체적인 예시가 나왔네요.

다양한 작업에 대한 구체적인 예시를 좀 더 원한다면, 이번에는 그 부분을 파고드는 질문을 해봅시다.

다양한 작업이란 뭔가요?

ChatGPT는 자연어 처리를 활용하여 다양한 작업을 실현할 수 있습니다. 예를 들면

- 고객 지원을 위한 챗봇이나 FAQ 자동응답
- 콘텐츠 생성 (뉴스 기사, 블로그 기사, 제품설명 등)
- 번역
- 문장 요약
- 문장 작성
- 생성 모델에 따라 문장, 이미지, 음성 등 데이터 생성
- 데이터 분석, 리포트 작성 등 비즈니스 작업

등을 들 수 있습니다.

항목별로 정리해줬네요. 이렇게 하니까 이해하기 쉬워요.

ChatGPT에서는 이미지나 음성을 생성할 수 없으므로 아래에서 두 번째 항목은 잘못된 정보를 표시했지만, 첫 번째 답변과 비교하면 구체적인 정보가 많이 늘어났습니다.

그러네요. 이렇게까지 설명해주니 대화 주제였던 '앞으로의 가능성'에 관해서 확실하게 파악할 수 있어요.

제 피드백의 결론을 말씀드리면, **내용 수정이 필요하기는 하지만 충분히 쓸 수 있는 수준**이라고 할 수 있어요.

이제 내용이 겹치는 부분을 정리하고, 잘못된 부분을 빼는 식으로 정리하면 어느 정도 쓸만한 텍스트가 될 것 같아요. 이 정도 수준까지 올라왔다니 놀라워요.

ChatGPT에게
원하는 대답을 얻는 요령

ChatGPT를 활용해서 필요한 대답을 얻어내거나 원하는 문장을 만들어내려면 어떻게 질문할지가 중요합니다. 효과적으로 질문하는 비결을 배워봅시다.

질문에 앞서 질문자의 입장을 명확하게 전달

ChatGPT의 높은 정확도는 놀랍지만, 질문 방식에 따라서는 대답이 조금 빗나가기도 하나 봐요. **원하는 대답을 정확히 유도하는 비결이 있을까요?**

아까 예시에서도 시도해보았듯이 알기 쉬운 설명이 필요하다면 '○○에 대해서 초등학교 5학년 어린이도 이해할 수 있도록'이라고 쓰고, 일과 관련된 고민을 상담한다면 '영업 1년 차 직장인입니다'와 같이 질문 앞에 **조건이나 문맥 등을 구체적으로 전달하면** 효과적이에요.

어떤 대답이 필요한지 가능한 구체적으로 지정하면 정확도가 올라가는군요.

질문 내용에 따라서는 '그 분야는 잘 모르지만, 다른 분야는 전문가예요'와 같은 질문 방식도 가능해요.

'AI에 대해서는 잘 모르지만, 영업 담당으로 10년 정도 일했습니다' 같은 전제를 입력하고 '영업 직군에서 ChatGPT 활용의 가능성', 이렇게 물어보는 식인가요?

그렇습니다. 질문하는 사람이 어떤 사람인지에 관해서 가능한 구체적으로 전
달하는 것이 중요합니다.

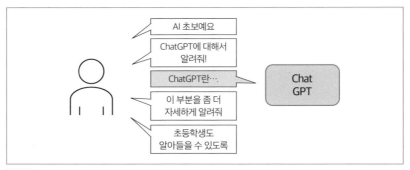

2-4-1   질문에 앞서 질문자의 정보를 제대로 전달하고 다음 질문을 하는 것이 중요하다. 돌아온 대답에 대
해 질문을 계속하면서 내용을 파고든다.

추가 질문으로 내용 파고들기

 아까 첫 번째 질문에 대한 대답은 애매했는데, 추가로 계속 질문했더니 점점
원하는 대답에 가까워졌어요. 이렇게 여러 번 질문하는 것도 중요한가요?

이 부분이 ChatGPT의 가장 큰 강점입니다. **이전에 질문한 내용을 바탕으로**
'이 부분을 조금 더 이해하기 쉽게 가르쳐 주면 좋겠다', '구체적인 사례를 들
어달라'는 식으로 사람에게 직접 이야기하는 것처럼 전달하면 됩니다.

 만일 그렇게 해도 대답이 마음에 들지 않을 때는 어떤 질문을 하면 되나요?

질문의 내용에 따라 다르지만 '구체적인 서비스명을 들어서'처럼 보다 구체적
인 대답을 끌어낼 수 있는 질문을 하거나, 다른 각도에서 질문할 수도 있습니
다. 또는 관련되는 다른 주제에 대해 질문하면서 조금 더 내용을 파고들어 대
답을 얻을 수도 있지요.

상대방의 역할을 지정해 질문하기

그리고 **ChatGPT가 어떤 관점에서 대답할지 캐릭터**를 지정할 수도 있어요.
예를 들어 고민을 상담하고 싶다면 '코치로서', 혹은 '점술가로서', 또는 무언가
설명을 듣고 싶다면 '철학자처럼', 심지어 '래퍼처럼'도 가능하죠.

 재밌네요! 그럼 시험 삼아 **'철학자로서 ChatGPT란 무엇인가'라는 질문에 대
한 설명**을 물어볼게요.

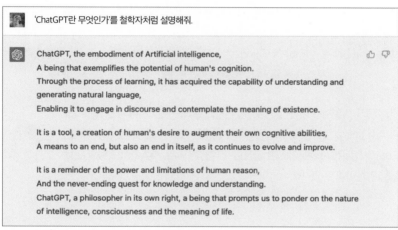

'ChatGPT란 무엇인가'를 철학자처럼 설명해줘.

ChatGPT, the embodiment of Artificial intelligence,
A being that exemplifies the potential of human's cognition.
Through the process of learning, it has acquired the capability of understanding and
generating natural language,
Enabling it to engage in discourse and contemplate the meaning of existence.

It is a tool, a creation of human's desire to augment their own cognitive abilities,
A means to an end, but also an end in itself, as it continues to evolve and improve.

It is a reminder of the power and limitations of human reason,
And the never-ending quest for knowledge and understanding.
ChatGPT, a philosopher in its own right, a being that prompts us to ponder on the nature
of intelligence, consciousness and the meaning of life.

 대답이 영어로 돌아왔네요. 항상 사용자의 언어로 대답하지는 않나 봐요.

질문에 따라서는 답변이 영어로 나오기도 해요. 이럴 때는 구글 번역이나
DeepL 번역 같은 번역 사이트를 이용해서 사용자의 언어로 번역하면 됩니다.

DeepL(딥플) 번역은 독일의 DeepL GmbH가 개발한 AI를 활용한 텍스트 번역 서비스로,
5000글자 이내의 번역은 무료로 이용할 수 있다. https://www.deepl.com/translator

영어(언어 감지) ∨	⇄ 한국어 ∨	용어집

ChatGPT, the embodiment of Artificial intelligence, ✕
A being that exemplifies the potential of human's cognition.
Through the process of learning, it has acquired the capability of
understanding and generating natural language,
Enabling it to engage in discourse and contemplate the meaning of
existence.

It is a tool, a creation of human's desire to augment their own
cognitive abilities,
A means to an end, but also an end in itself, as it continues to evolve
and improve.

It is a reminder of the power and limitations of human reason,
And the never-ending quest for knowledge and understanding.
ChatGPT, a philosopher in its own right, a being that prompts us to
ponder on the nature of intelligence, consciousness and the
meaning of life.

인공지능의 구현인 ChatGPT, 인간인지의 잠재력을 보여주는 존재.
학습 과정을 통해 자연어를 이해하고 생성할 수 있는 능력을 갖추
게 되었습니다.
이를 통해 담론에 참여하고 존재의 의미를 고민할 수 있게 되었습
니다.
인공지능은 인간의 인지 능력을 향상하고자 하는 인간의 욕구가
만들어낸 도구이자 수단이며, 계속 진화하고 발전하면서 그 자체
로 목적이 되기도 합니다.
이는 인간 이성의 힘과 한계, 그리고 지식과 이해에 관한 끝없는 탐
구를 상기시켜 줍니다. 챗봇은 그 자체로 철학자이며 지능과 의식
의 본질, 삶의 의미에 대해 깊이 생각하게 하는 존재입니다.

영어로 답변한 것을 DeepL 번역으로 돌려보았습니다. (앞 그림) 철학자 같은
말투로 이야기하는 내용이네요. '인공지능은 인간의 인지 능력을 향상하고자
하는 인간의 욕구가 만들어낸 도구이자 수단이며, 계속 진화하고 발전하면서
그 자체로 목적이 되기도 한다'라는 부분은 생각의 깊이도 느껴져요.

ChatGPT가 실제로 철학적인 생각을 하지는 않고, 어디까지나 기존 철학자들
이 비유적으로 말하는 말투를 참고해서 문체를 만들어냈을 뿐입니다. 하지만
**ChatGPT에게 사전에 제시한 입장이나 역할에 따라 여러 가지로 다양한 대
답**을 만들어낼 수 있지요.

2-4-2 ChatGPT가 어떤 관점에서 대답할지 역할을 지정하면서 원하는 대답을 유도하는 요령도 있다.

AI를 위한 말하기는 필요 없다

 그렇기는 해도 정말 사람에게 말을 거는 것처럼 자연스럽게 대화를 할 수 있네요.

오히려 **AI를 의식해서 말하면 역효과**만 일어나요. 예를 들어 아이폰에 내장된 음성 인식 서비스인 시리에게 말할 때 자기도 모르게 말하는 방식을 바꾸기도 하잖아요.

 듣고 보니 그렇긴 해요. 복잡하게 말을 돌려서 하면 못 알아들을까 봐 일부러 간단하게 말하려고 노력하거든요.

ChatGPT의 경우에는 오히려 그렇게 하지 않는 편이 좋아요. 사람에게 **말을 걸 때와 마찬가지로 본인이 생각한 내용을 그대로 전달**하면 보다 높은 정확도를 얻을 수 있어요.

2-4-3 AI에 맞춰서 일부러 질문을 잘게 쪼개어서 질문하는 방식은 ChatGPT에게는 더 이상 통하지 않는다. 사람과 이야기할 때와 같은 느낌으로 하면 된다.

 원하는 답을 얻으려면 질문에 앞선 맥락과 조건을 분명하게 전달하거나, 질문을 반복해서 내용을 파고들고, 필요에 따라서는 역할을 지정하면 되겠네요. **사람끼리 이루어지는 커뮤니케이션과 상당히 가까운 듯**한 느낌이에요.

제대로 사용하려면
사용자의 스킬이 필요하다

ChatGPT는 질문하는 방식에 따라 답변의 정확도가 크게 달라집니다. 의도한 대로 문장을 생성하려면 사용자 스스로 질문의 전제 조건을 이해할 필요가 있습니다.

먼저 전제 조건을 이해하자

 실제로 ChatGPT를 써보니, 원하는 답을 끌어내려면 질문을 어떻게 하느냐가 중요하다고 느꼈어요.

맞아요. 그런 의미에서 ChatGPT를 잘 활용하려면 **질문자의 상황이나 원하는 내용처럼 질문의 전제 조건을 잘 알아둬야 해요.**

 자신이 해당 분야를 잘 모른다는 것조차 모르면 '초보자도 이해할 수 있도록'이라는 질문도 할 수 없다는 말씀이군요.

맞습니다. 그 외에도 예를 들어 '영업 직군에서 AI의 활용 방법'에 대한 질문을 한다면, AI에 대한 지식 유무와 함께 영업 직군 경험이 얼마나 있는지도 알려주면 좋을 거예요.

 원하는 답을 얻으려면 **어떤 전제 조건이 필요한지 생각해보고, 그 내용을 정확하게 전달**해야겠네요.

그리고 나온 답변에 대해 **질문자가 어떻게 느꼈는지, 원하는 답변과 어떤 차이가 있는지 언어로 표현하는 것도 무척 중요**합니다.

전문용어를 최소한으로 줄여달라거나, 좀 더 구체적으로 해달라는 식으로 지정하는 부분이겠네요. 이것도 사람으로 치면 부하 직원이나 후배에게 **일을 의뢰하고, 돌아온 결과물을 확인해서 피드백을 주고 수정하는 과정**과 비슷하지 않을까요? 그야말로 커뮤니케이션 그 자체네요.

맞아요. 사람과 사람 사이의 소통과 마찬가지로 스스로 원하는 바를 명확하게 전달하는 것이 중요하죠.

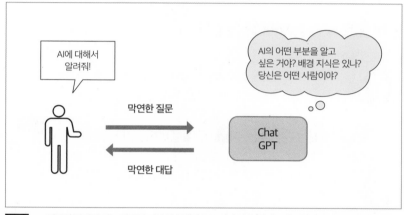

2-5-1 질문의 전제가 되는 정보와 더불어 구체적으로 어떤 답을 원하는지 전달해야 한다. 모호한 질문에는 모호한 답변만 돌아온다.

 ChatGPT를 두고 **뻔한 답변밖에 못 한다거나, 쓸만한 수준의 대답을 기대하기 어렵다**는 이야기도 자주 듣는데요. 이것도 질문하는 사람의 문제일까요?

아마도 **애매한 대답이 나올 때는 질문도 모호**하게 하지 않았을까 싶습니다.

 AI를 사용하면 뭐든 쉽게 할 수 있다고 생각하기 쉽지만, AI에게 정확한 지시를 하려면 **자신이 무엇을 질문하고 싶은지 파악하고, 정확하게 전달하는 기술이 필요**하다는 거네요.

연속된 질문과 신규 대화의 차이점은?

ChatGPT에서는 하나의 대화 창에서 연속적인 대화가 가능하지만, 새로운 대화창을 만들어서 대화를 시작할 수도 있습니다. 같은 질문이라도 새로운 대화창에서는 답변이 달라지므로 사용법을 알아두면 도움이 됩니다.

같은 질문을 새 대화에서 해보기

ChatGPT 화면 왼쪽 위에 있는 '+New chat'에서 새 채팅을 만들 수 있지요. 같은 채팅창에서 연속된 대화와 새로운 대화는 어떻게 구분하면 될까요?

새로운 주제로 대화를 시작할 때는 새롭게 대화창을 만드는 편이 좋아요.

새 대화에서도 이전에 주고받은 질문과 똑같은 질문을 한다면 답변도 똑같을까요?

같은 질문을 해도 대답이 똑같이 나오지는 않습니다. **ChatGPT의 답변은 인터넷에서 학습한 방대한 데이터 중 확률에 따라 만들어진 문장일 뿐입니다.**

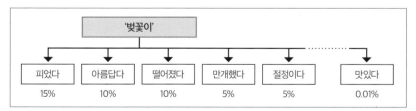

2-6-1 학습한 데이터를 통해 확률에 따라 문장을 출력하는 예시 답변으로, 신규 대화일 때 답변이 달라질 수 있다.

확률에 따라 문장이 생성될 뿐이고 **ChatGPT 자체가 특정 가치관이나 생각을 하고 말을 하는 것은 아니라**는 뜻이군요. 시험 삼아 신규 대화를 시작하고 명확한 답을 내기 어려운 질문을 던져보았습니다.

미래에 AI와 사람 사이에 연애 감정이 생길 가능성은 있을까요?

인간이 AI에 연애 감정을 품을 가능성은 있지만, 그 반대도 마찬가지입니다. 그러나 현재 AI 기술은 이러한 감정을 이해하고 반응할 수 없으므로 실제로 그러한 감정이 생기는 일은 없습니다.

미래에 AI와 인간 사이에 연애 감정이 생길 가능성은 있을까요?

기술적으로는 가능성이 있지만, 사회적으로는 어려워 보입니다. AI는 인간과 같은 감정은 없습니다. 그런데도 인간과 AI 사이에 감정적인 연결고리가 생기는 일은 일어날지도 모릅니다. 다만 그것을 연애 감정이라 부르기는 어렵다고 생각합니다.

2-6-2 '+New chat'에서 2개의 신규 대화를 만들고 각각 똑같은 질문을 입력했다. 그 결과 서로 다른 답변이 돌아왔다.

 두 답변 모두 나름대로 설득력이 있지만, 이걸 사람이 하는 말이라고 생각한다면 서로 다른 사람이 하는 말 같아요.

일관성을 유지하고 싶다면 한 대화창에서 질문을 반복하는 편이 좋습니다. 단, **영어로 3,000단어 정도까지만 되짚어 볼 수 있으므로 대화가 지나치게 길어지면 일관성을 유지할 수 없다는 점**은 유의해야 합니다.

 같은 채팅 내에서 계속해서 질문하면 이전 답변의 내용을 바탕으로 대화를 이어갈 수 있는 점은 장점이군요. 새로운 주제로 대화를 시작할 때는 신규 대화를, 같은 주제로 계속하고 싶을 때는 한 채팅 내에서 질문을 반복하면 되겠네요.

ChatGPT를 이용할 때 주의할 점

ChatGPT를 이용할 때는 생성된 문장의 내용이 정확한지, 타인의 권리를 침해하지 않았는지 꼭 확인해야 합니다. 그리고 기밀정보 등을 입력해서는 안 됩니다.

ChatGPT는 거짓말도 한다

ChatGPT를 사용할 때 주의해야 할 점은 무엇인가요?

먼저 **ChatGPT의 답변이 반드시 정확하지 않을 수 있다는 점**을 기억해야 합 니다. 공식 도움말 페이지에도 명시되어 있고, 첫 화면에도 '제한사항'으로 **부 정확한 정보를 생성할 수 있다**고 표시되어 있습니다.

자칫 그냥 지나치기 쉬운데, 눈에 잘 띄는 곳에 분명히 적혀 있네요.

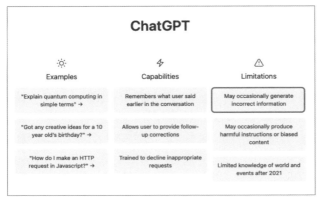

2-7-1
그림에서 표시한 부분이 부정확한 정보를 생성할 수 있다는 내용이다. 2023년 3월 기준의 화면이기 때문에 현재와는 다를 수 있다.

따라서 생성된 내용이 정확한지 반드시 **사람이 직접 확인**해야 합니다.

 구체적으로 어떤 실수를 하나요?

실제로는 존재하지 않는 통계를 내놓기도 해요. 예를 들어 '2200년 지구의 인 구'에 관해 물어보면 공상과학 작품 내용을 바탕으로 답변하기도 합니다.

 인터넷에 있는 데이터를 학습하고, 그에 따라 답변하다 보니 그런 실수가 발 생기도 하는군요.

맞습니다. 어디까지나 학습된 데이터를 기반으로 **'그럴듯한 정보'**를 생성하기 때문에 사실과 다른 내용을 아무렇지 않게 말하기도 해요. 이런 점을 이해하 면서 이용하는 것이 중요합니다.

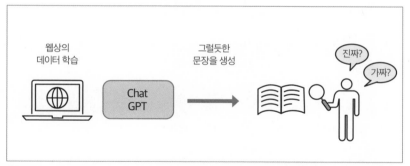

2-7-2 ChatGPT의 답변은 방대한 학습 데이터를 기반으로 생성한 내용에 불과하다. 따라서 내용이 정확 한지 반드시 확인해야 한다.

박스오피스 1위 영화를 맞출 수 있을까?

 시험 삼아 '2016년 흥행 1위 일본 애니메이션 영화'를 질문했더니 <너의 췌장 을 먹고 싶어>라는 답변이 나왔습니다.

2016년에 관람객이 제일 많았던 일본 애니메이션 영화는?

 2016년 일본 애니메이션 영화 중 흥행 수입 1위는 <너의 췌장을 먹고 싶어>입니다. 👍 👎

실존하는 작품명이네요. 맞는 것 같기도 한데, 사실을 확인해보니 결과는 어
떤가요?

 인터넷 검색을 해보니 이 영화가 개봉한 시점은 2018년이었는데요, 2016년은
원작 소설이 화제가 되었던 해였어요. 참고로 실제 2016년 일본의 애니메이션
영화 흥행 1위는 <너의 이름은> 입니다.

2016년에 그 작품과 관련된 뉴스가 있었던 점, 개봉 연도는 다르지만 2016년
에 애니메이션 영화 자체는 실제로 있었다는 점 때문에 잘못된 답을 도출해낸
것 같습니다.

 애초에 웹 검색으로 나오는 내용은 ChatGPT를 사용하지 않고 그냥 바로 검
색하는 것이 좋을 것 같네요.

네, 맞습니다. 우선 사전에 알아두어야 할 사항이 있는데, **ChatGPT에는 너무**
오래된 정보나 최신 정보는 없으므로 그런 내용은 답변할 수 없어요.

 왜 그런가요?

ChatGPT가 활용하는 GPT-3.5 AI 모델은 2011년부터 2022년 초까지의 데이
터를 학습하고 있습니다. 따라서 그 이후의 사건이나 해당 시기에 인터넷에 정
보가 없는 내용의 데이터는 없다는 뜻입니다.

 그렇군요. **학습하지 않은 데이터**도 있군요.

ChatGPT와 인터넷 검색을 병행할 수 있는 도구도 나오고 있어요. 자세한 내용은 나중에 5장에서 설명하겠습니다.

타인의 권리를 침해할 가능성

 좀 다른 이야기인데, ChatGPT에서 생성되는 문장은 인터넷에 있는 기존 정보를 학습하는 거잖아요. 생성된 문장이 학습한 원래 문장과 너무 비슷해서 타인의 권리를 침해할 우려는 없을까요?

기술적으로는 학습한 데이터와 단어 하나하나가 완전히 똑같은 문장이 생성될 가능성이 아주 낮지만 있기는 합니다. 그대로 사용하면 자신도 모르게 타인의 권리를 침해할 수 있으므로, **실제로 이용하기 전에 반드시 사람의 손으로 직접 확인하는 것**이 중요합니다.

 그러면 완전히 일치하지는 않아도 비슷한 내용이라면 괜찮을까요?

법적인 문제뿐만 아니라 윤리적인 문제도 관련이 있어서 상당히 민감한 내용이에요. 자세한 이야기는 5장에서 다루겠습니다.

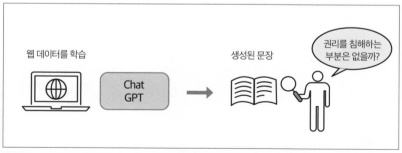

2-7-3 기존 정보와 완전히 일치하는 내용이 생성될 가능성은 작지만, 실제 사용하기 전에는 권리를 침해하는 부분이 없는지 확인해야 한다.

기밀정보는 입력하지 말 것!

한 가지 꼭 기억해야 할 주의사항은 ChatGPT에 개인정보나 회사의 기밀정
보 등은 입력해서는 안 된다는 점입니다.

 왜 그런가요?

공식 사이트에도 명시되어 있지만, ChatGPT에 입력된 정보는 시스템 개선
을 위해 활용되기도 합니다.

 AI의 정확도를 높이기 위해 입력한 정보를 활용한다는 것인데, ChatGPT가
더 똑똑해지기 위해서는 필요한 일이기는 하지만 내가 모르는 곳에서 내 정보
가 쓰인다니 조금 불안하기도 해요.

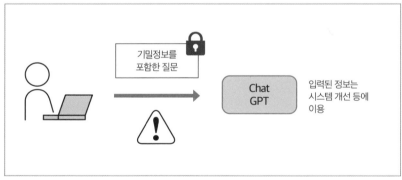

2-7-4　ChatGPT에 입력한 정보는 시스템 개선을 위해 활용될 수 있으므로, 기밀정보 등을 입력하면 안
된다.

피해야 할 정보만 알면 그렇게까지 불안해할 필요는 없어요.

 ChatGPT에 입력하면 안 되는 정보를 구체적으로 알려주세요.

개인의 이름이나 주소 등 사생활과 관련된 정보, 대외비 프로젝트 정보 등은 입력하지 않는 것이 좋습니다. 예를 들어 계약서 문장을 작성할 때 계약서 내용을 항목별로 나열하는 경우, ChatGPT에 입력할 때는 회사명이나 개인명은 가명으로 입력했다가 나중에 실제 이름으로 바꾸는 식입니다.

 만약 실수로 기밀정보 등을 입력한 경우 어떻게 해야 하나요?

입력한 내용을 특정해서 삭제할 수는 없어요. 따라서 기업의 기밀정보나 개인의 사생활과 관련된 내용은 입력하지 않도록 주의해야 합니다. ChatGPT에 대한 FAQ가 자주 업데이트되고 있으니 궁금한 점이 있다면 참고하는 것이 좋아요.

2-7-5   ChatGPT의 일반적인 질문과 답변 모음, ChatGPT의 기본 구조 등이 기재되어 있다.

 ChatGPT를 이용할 때는 생성된 내용에 관해 **내용이 틀리지 않았는지, 타인의 권리를 침해하지는 않았는지** 꼭 확인해야겠네요. 그리고 **기밀정보는 입력하면 안 되고요.** 잘 숙지하고 이용할게요.

8 다른 생성형 AI와 연동할 수 있을까?

ChatGPT는 문장을 생성하는 AI이지만, 이 외에도 이미지, 동영상, 음악 등 다양한 콘텐츠를 생성하는 생성형 AI가 널리 퍼지고 있습니다. ChatGPT와 함께 사용할 수 있을까요?

■ AI에 명령하기 위한 텍스트를 AI로

ChatGPT와 같은 문장을 생성하는 AI 외에도 이미지 생성 AI 등 무언가를 만들어내는 AI가 다양하게 나오는 것 같아요. 이러한 서비스와 ChatGPT를 조합하는 기술도 사용할 수 있을까요?

앞서 말씀드린 것처럼 AI에게 지시를 내리는 작업은 의외로 쉽지 않습니다. ChatGPT에서도 정확한 지시를 내리려면 익숙해져야 하는데, 이미지나 동영상이라면 그 난이도가 더욱 높아집니다.

제가 생각한 그림의 느낌을 말로 정확하게 전달하기가 까다롭더라고요.

그럴 때 바로 ChatGPT가 도움이 되지 않을까요.

이미지 생성 AI에 지시하는 프롬프트(Prompt, 명령문)를 ChatGPT로 만든다는 말씀이신가요?

네. ChatGPT에서 'Midjourney(미드저니)에서 하늘을 나는 고양이의 디지털 아트를 그릴 수 있는 프롬프트를 만들어줘'라고 지시하고 프롬프트를 출력한 뒤, 내용을 Midjourney에 입력하는 방식입니다.

그거 좋네요! 더 나은 프롬프트를 만들 방법이 있을까요?

예를 들어 Midjourney, DreamStudio(드림스튜디오), LEXICA(렉시카) 등 많은 서비스에서 생성된 이미지의 프롬프트를 참조할 수 있으니, ChatGPT에서 "rewrite the following prompt for image ai to more creative(이 이미지 생성 AI의 프롬프트를 좀 더 창의적으로 다시 작성해줘)" 등을 입력해서 해당 프롬프트를 원하는 대로 바꿔 달라고 요청할 수도 있겠죠.

 그렇군요! AI를 어떻게 조합하느냐에 따라 다양한 서비스 아이디어가 나올 것 같네요.

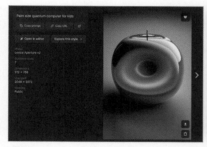 

2-8-1 LEXICA(https://lexica.art/)에서는 섬네일을 클릭하면 해당 이미지의 프롬프트 등을 확인할 수 있다. 오른쪽 이미지는 왼쪽 이미지의 프롬프트를 ChatGPT를 통해 '더 창의적으로' 만든 프롬프트로 생성한 것이다.

동영상이나 음악, 3D 모델 등을 생성하는 AI도 앞으로 널리 퍼질 것으로 보입니다. 그때도 마찬가지로 어떻게 AI에게 지시를 내릴 것인지가 관건이 되겠지요. **언어로 표현하기 어려운 지시를 하기 위해 문장생성 AI를 사용하는 경우**가 늘어나지 않을까요?

 AI에게 어떻게 지시해야 할지 모르겠으니, AI가 알아서 생각하게 만드는 거군요. 정말 AI를 어떻게 잘 활용할지가 중요한 시대가 올 것 같아요.

이미지 생성 AI가
생성형 AI 인기에 불을 붙였다

ChatGPT가 등장한 시기는 2022년 말이지만, 이미 그보다 반년 전부터 이미지 생성 AI 는 커다란 반향을 일으켰습니다. 2022년 여름에는 Midjourney와 Stable Diffusion, 그 리고 ChatGPT의 개발사 OpenAI가 개발한 DALL-E2 등, 일반인이 이용할 수 있는 이미 지 생성 AI 서비스가 속속 공개되었으며, 이러한 AI로 만든 이미지들이 SNS에서 수없이 공유되고 있습니다.

　이미지 생성 AI도 ChatGPT와 같은 문장생성 AI와 마찬가지로 기존 웹의 데이터를 학 습해서 이를 기반으로 이미지를 생성합니다. 문장과 비교하면 원본 데이터와의 유사성 이 생성 결과에 드러나기 쉬우므로, 향후 권리 문제에 대해 논의가 필요한 부분도 남아 있습니다. 하지만 창의적인 분야에서 AI가 인간 못지않은 콘텐츠를 만들어낼 수 있다는 인식이 널리 퍼진 계기는 이미지 생성 AI의 인기 덕분이라고 할 수 있습니다.

2-C-1　OpenAI가 개발한 이미지 생성 AI인 DALL-E2의 화면이다. 만들고 싶은 것을 텍스트로 지정해 임 의의 이미지를 생성할 수 있다.

대화형 AI를
구성하는 기술

AI를 제대로 활용하기 위한
기술적 배경을 이해하자

높은 정확도의 대화를 지원하는 기술

3장에서는 ChatGPT를 뒷받침하는 기술적 장치에 대해 알아보겠습니다. 직접 AI 개발에 참여하지 않더라도, 기술적 배경을 알고 있으면 ChatGPT를 비롯한 AI 도구를 더욱 효과적으로 활용하는 데 큰 도움이 됩니다.

ChatGPT는 사람끼리 이야기하는 것처럼 자연스러운 대화를 할 수 있지만, 내부에 진짜 사람 대신 사람이 말하는 것처럼 자연스러운 대화를 구현하기 위한 특별한 장치가 있습니다. 우선 컴퓨터는 사람의 말을 그대로 이해하지 못하므로 '자연어 처리'라는 기술을 통해 컴퓨터가 이해할 수 있는 형태로 변환합니다.

목적을 달성하기 위해서는 학습이 필요

그러나 이는 그저 컴퓨터가 사람의 말을 이해하게 되었다는 사실에 불과합니다. ChatGPT는 질문에 대해 적절한 답변을 하는 것처럼 단순히 말을 이해하는 이상의 목적을 달성해야 합니다. 이 과정에서 컴퓨터가 목적을 달성하는 데 필요한 것을 배우는 '학습'이 필요합니다. 여기에는 '지도학습', '비지도학습', '강화학습' 등이 있으며, 이를 '기계학습'이라고 합니다. 3장에서는 각각의 특징과 기본적인 구조에 대해 알아보겠습니다. AI를 이해하는 데 있어 매우 중요한 지식입니다. ChatGPT에서는 이러한 기계학습을 조합하여 활용하고 있습니다. 그리고 생성된 결과를 대화에 적합하게 조율하는 파인 튜닝을 통해 더욱 정확한 답변을 도출하고 있습니다.

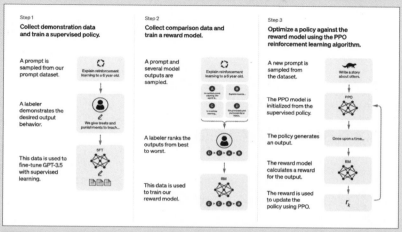

3-0-1 공식 홈페이지에 게재된 ChatGPT의 작동 원리를 설명하는 그림이다. 최적의 답변을 할 수 있도록 훈련하고 있다.

AI가 단어의 의미를 이해하지는 못한다

ChatGPT가 마치 사람처럼 자연스러운 대화를 할 수 있다고는 하지만, 결코 진짜 사람처럼 생각하고 대화하는 것은 아닙니다. ChatGPT는 단어의 의미를 이해하는 것이 아니라 어디까지나 학습한 데이터에 기반하여 훈련을 통해 그럴듯한 패턴의 문장을 출력할 뿐입니다. 사실과 전혀 다른 내용을 마치 사실인 것처럼 대답하기도 하는 이유는 바로 이 때문입니다.

3장에서는 ChatGPT와 그 기반이 되는 언어 모델인 GPT-3.5가 어떻게 대화를 할 수 있는지, 어떤 데이터를 통해 어떻게 학습하고 있는지를 설명합니다. 기술적 구조를 이해하면 ChatGPT가 할 수 있는 것과 그렇지 않은 것을 쉽게 이해할 수 있습니다.

AI는 어떻게
인간의 언어를 이해할까?

ChatGPT처럼 언어를 다루는 AI는 한국어나 영어 등 사람이 사용하는 언어를 어떻게 이해할까요? 우선 기본적인 구조에 대해 배워봅시다.

■ 자연어 처리로 사람의 말을 이해

 ChatGPT는 마치 사람이 이야기하는 것처럼 매끄럽게 대화할 수 있는데, 기술적인 구조가 궁금해요. 애초에 AI가 대체 어떻게 사람의 말을 이해할 수 있나요?

먼저 '자연어 처리'에 관한 이해가 필요하겠네요.

 뭔가 말만 들어도 어려울 것 같은데요….

'자연어'와 '처리'라는 단어로 나누면 이해하기 쉬울 거예요. 먼저 '자연어'라는
말은 한국어나 영어처럼 사람이 의사소통할 때 사용하는 언어를 말합니다.

 우리가 평소에 일상에서 자연스럽게 사용하는 말이 자연어겠네요. 그것을 '처리'한다는 것은 어떤 뜻인가요?

여기서 말하는 처리란 기계, 즉 컴퓨터가 인식하고 분석하는 과정을 말합니다.

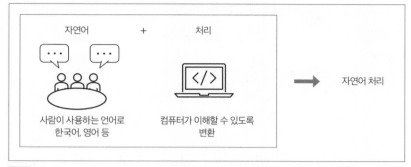

3-1-1 자연어 처리란 사람이 일상에서 사용하는 언어를 컴퓨터가 이해할 수 있는 형태로 만드는 기술이다.

 그렇군요. 사람이 사용하는 자연어를 기계가 알아들을 수 있도록 처리하기 때문에 자연어 처리라고 하는군요. 말 그대로네요.

자연어 처리를 사용하는 분야

 자연어 처리는 문장생성 AI 말고도 다른 곳에서도 쓰는 기술인가요?

PC나 스마트폰에서 문장을 입력할 때 **예측해서 변환하는 기능에도 들어가고, 구글 번역과 같은 기계번역, 검색엔진, 스마트 스피커(AI 스피커)** 등 다양한 곳에서 활용하고 있어요.

 전부 우리가 일상적으로 사용하는 서비스들이네요.

사람이 이용하는 서비스인 만큼 사람 말을 제대로 이해하는 과정이 중요하죠.

 예를 들어 아마존의 음성 서비스인 알렉사는 기계에 대고 "알렉사, 오늘 날씨 어때?"라고 물으면 현재 위치의 날씨를 알려주잖아요.

이때 **사람이 무슨 말을 하는지 기계가 제대로 이해할 수 있도록 하는 기술이 자연어 처리**입니다.

 사람이 말하는 내용을 이해하지 못하면 대답할 방법이 없겠네요.

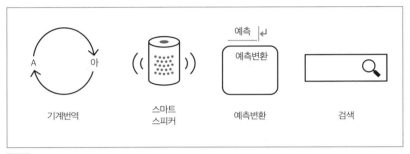

3-1-2   자연어 처리는 예측변환, 검색, 기계번역, 스마트 스피커 응답 등 다양한 분야에서 활용된다.

그 외에도 메일 프로그램에 있는 스팸메일 분류 기능에도 활용하고 있어요.

 수신된 메일 중 스팸일 가능성이 큰 메일을 자동으로 다른 폴더로 분류해주는 기능이죠? 컴퓨터가 메일에서 문장을 인식하고 판단한다는 말씀이신가요?

맞습니다. 수신함에 도착한 메일 본문을 이해하고, 내용을 보고 학습된 데이터를 바탕으로 스팸인지 아닌지를 판단해서 분류합니다.

목적을 달성하기 위해서는 학습이 필요하다

 하지만 문장을 이해하는 것만으로는 어떤 메일이 스팸인지 판단할 수 없지 않나요?

맞아요. 기계가 사람의 말을 알아듣더라도 그다음 작업이 필요합니다. 예를 들어 스마트 스피커라면 응답을 한다든지, 메일이라면 메일을 분류하는 등의 작업을 해야 합니다. 여기서 중요한 키워드가 바로 **머신러닝**이라는 단어입니다.

 또 어려운 용어가 등장했네요!

이것도 아까처럼 머신, 즉 '기계'와 '학습'으로 단어를 분해해서 생각해보면 어렵지 않아요. 여기서 말하는 '머신'은 컴퓨터를 의미합니다.

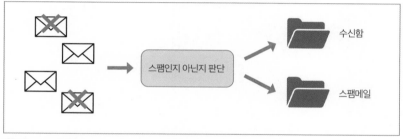

3-1-3 스팸메일을 분류할 때 스팸 여부를 판단하려면 머신러닝이 필요하다.

 그럼 머신러닝은 컴퓨터가 학습한다는 뜻인가요? 아이들이 초등학교에 다니면서 산수나 글자를 배우는 것과 비슷한 학습을 상상하면 될까요?

당연히 기계는 학교에 갈 수 없으니 다른 방식으로 학습하지만, 이미지상으로는 비슷해요.

사람이 학교에 가서 산수나 글자를 배우는 과정은 나중에 사회생활을 하기 위해서라고 생각하는데요. 기계가 학습하는 목적은 '스팸메일과 일반적인 메일을 구분하는 것'이 되기도 한다는 뜻인가요?

그렇죠. 사람이 기계에 학습을 시킬 때는 분명 컴퓨터에 특정한 작업을 시키고자 하는 목적이 존재합니다. 이렇게 **사람이 기계에 시키려는 작업이 있을때, 그것을 어떻게 학습시킬지가** 중요합니다.

작업=컴퓨터에 어떤 일을 시키고 싶은 목적

메일을 분류한다.　　　사진에 찍힌　　　사용자의 질문에
　　　　　　　　　　　물체를 판별한다.　　　답변한다.

3-1-4　　작업에 따른 학습을 컴퓨터에게 시킨다

 여기서 다시 아까 말씀드린 '학습'이라는 이야기로 돌아가는군요. 학습 방법은 어떤 것이 있나요?

학습 방법에는 **지도학습, 비지도학습, 강화학습, 심층학습** 등이 있습니다.

 점점 용어가 많아지고 복잡해지는 느낌이 드는데요….

AI의 작동 원리를 설명하다 보면 전문용어가 많이 나와요. 특히 앞의 4개의 용어는 AI를 이해하는 데 필수 용어입니다.

 그렇군요. 열심히 따라가겠습니다!

간단히 말하자면, **지도학습**은 정답과 오답이라는 라벨이 붙은 데이터를 전달하는 학습 방법이고, **비지도학습**은 정답과 오답의 표시가 없는 단순한 데이터만 전달하는 학습 방법이에요. 그리고 **강화학습**은 규칙을 만들고 그 환경 속에서 시행착오를 거치면서 결과에 따라 보상을 주는 방식입니다. 마지막 **심층학습**은 딥러닝이라고도 하는데, 인간의 뇌의 구조를 모방한 방식으로 ChatGPT에서는 앞의 3가지를 조합하여 정확도가 높은 문장을 생성하고 있습니다.

지금까지의 이야기를 정리하면 AI에서는 어떤 작업, 즉 목적을 달성하기 위해 컴퓨터를 학습시켜야 하고, 그 방법으로는 강화학습, 딥러닝과 같은 머신러닝이 있다는 말이군요.

맞습니다. 이제 각각의 학습 방법에 대한 기본적인 구조와 특징에 관해 설명하겠습니다.

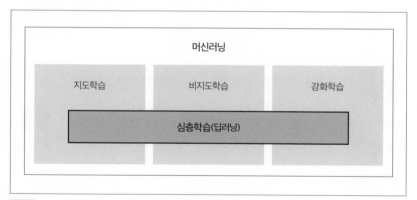

3-1-5 머신러닝(기계학습)에는 지도학습, 비지도학습, 강화학습, 딥러닝 등이 있으며, ChatGPT는 이를 조합해서 사용한다

머신러닝
기본 구조 알아보기

여기서는 머신러닝 중 지도학습과 비지도학습, 2가지를 통해 머신러닝의 기본 원리를 알아봅니다. 이 부분은 AI가 어떤 것인지 이해하는 데 필수적입니다.

머신러닝은 대량의 데이터를 기반으로 학습한다

 AI의 학습에는 여러 가지 방법이 있다고 하셨는데요, 먼저 머신러닝의 기본을 알려주세요.

머신러닝의 기본은 **지도학습**이라고 할 수 있습니다. 이는 **대량의 데이터에 사람이 직접 정답 라벨을 붙인 데이터를 AI에게 전달해서 학습시키는 방식**입니다.

 라벨이요…? 예를 들어 방금 예로 든 스팸메일 분류로 치면 어떤 것일까요?

각각의 메일에 대해 '스팸메일이다', '스팸메일이 아니다'라는 식으로 **정답을 주는 방식**이죠. 이러한 답을 전문적으로 **데이터셋(Data Set)**이라고도 합니다.

 이렇게 주어진 정답 데이터를 바탕으로 AI가 스팸메일을 구분할 수 있도록 학습하는 거군요. 마치 사람이 교사를 통해 배우는 과정과 비슷하네요.

맞습니다. 이 방식은 사람으로 치면 설명서를 건네주고 이렇게 움직이라고 지시하는 것과 같아요.

무엇을 기준으로 스팸메일인지 아닌지 구분할 수 있도록 기계에 알려주고 학습시키는 방식이군요.

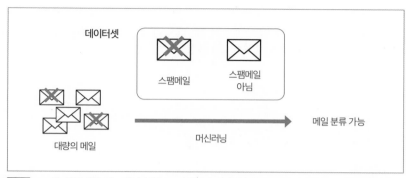

3-2-1 매뉴얼에 해당하는 데이터셋을 주고 대량의 데이터를 학습시키는 과정이 지도학습이다. 사전에 '정답'을 미리 준비해두는 것이 특징이다.

비지도학습은 데이터셋 없이 학습하는 방식이다

이에 반해 **데이터셋 없이 컴퓨터가 학습하는 방식이** 비지도학습입니다.

 설명서 없이 스스로 학습하게 하는 건가요?

맞습니다. 스팸메일을 분류할 때 어떤 것이 스팸인지 아닌지 미리 정보를 주지 않 고, 대량의 메일만 먼저 준 다음 **컴퓨터가 알아서 분류하도록 하는 방식**이죠.

 스스로 분류를 하면서 스팸메일을 구분하는 방법을 학습하나요?

사람이 스팸메일을 구분할 때는 링크 URL이 이상하거나, 문장에 부자연스러 운 부분이 있다는 식으로 특징을 통해 구분하잖아요. **컴퓨터가 스스로 주어** **진 데이터를 분석하여 특징별로 구분**하는 방식이 비지도학습입니다.

ChatGPT의 정확도를 뒷받침하는 강화학습

ChatGPT에는 여러 가지 머신러닝 기법이 결합되어 있는데, 그중 하나가 바로 강화학습입니다. 강화학습은 어떻게 작동하는지, 어떤 강점이 있는지 알아봅시다.

도구에 따라 보상을 주는 강화학습

세 번째 **강화학습**은 어떤 학습 방법인가요?

무척 간단합니다. **컴퓨터에 미리 정해진 규칙을 수행하게 하고, 결과에 대해 보상을 주는 방식**입니다.

규칙이라면, 일반적인 게임 규칙을 생각하면 되나요?

맞습니다. 강화학습이 적용된 AI로 바둑이나 장기를 두는 것이 유명하죠.

결과에 대해 보상을 준다는 말은 이기면 보상을 받게 되나요?

'이렇게 하면 승리', '이렇게 하면 패배'라는 규칙을 정해놓고 이기면 플러스 보상을 주고, 지면 마이너스 보상을 줍니다. 보상은 게임 등의 **점수**라고 생각하면 이해하기 쉬울 것 같습니다.

사람은 이길 때 보상을 받는다면 최대한 많은 보상을 받으려고 노력할 텐데 AI도 마찬가지인가요?

그렇죠. 보상을 주고 시행착오를 거치다 보면 더 높은 **보상을 받을 수 있는 결과를 낼 수 있는데요.** ChatGPT는 이러한 강화학습에 뒤에서 설명할 딥러닝을 접목한 것이 특징입니다.

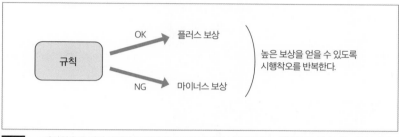

3-3-1 강화학습은 미리 준비된 규칙에 따라 결과에 대한 보상을 주어 시행착오를 겪게 하는 학습 방법이다. 바둑이나 장기 AI에서도 사용한다.

 게임의 경우 이해하기 쉬운 승패의 규칙이 정해져 있지만, ChatGPT는 처음에 어떤 규칙을 준비하나요?

생성되는 텍스트에 대해 어떤 텍스트는 괜찮으니 플러스 보상, 특정 텍스트는 출력하면 안 되니 마이너스 보상을 주는 식으로 점수를 부여합니다.

 이러한 점수는 사람이 부여하는 거죠?

맞습니다. 이렇게 **사람이 컴퓨터가 내놓은 결과에 대해 피드백을 해주면서** ChatGPT는 더욱 높은 정확도를 구현할 수 있게 됩니다.

 사람이 피드백을 주는 강화학습을 통해 정확도를 더욱 높일 수 있군요.

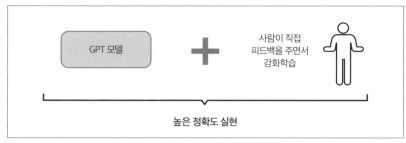

3-3-2   ChatGPT는 GPT 모델에 사람이 직접 피드백을 주는 강화학습을 결합해 높은 정확도를 구현했다.

보상의 기준은 누가 정할까?

그렇다면 ChatGPT가 생성한 텍스트에 대한 보상 기준은 누가 어떻게 결정하나요?

ChatGPT를 개발하고 제공하는 OpenAI가 기준을 결정합니다. 예를 들어 **범죄를 조장하는 내용이나 음란한 내용 등에 대해서는 금지** 기준이 있을 겁니다.

그리고 보니 ChatGPT의 생성 결과 옆에는 'Good' 버튼과 'Bad' 버튼이 있는데, 이를 누르면 일종의 라벨링과 같은 과정이겠군요?

네, 그렇습니다. 아마 사용자가 라벨링이라는 형태로 채점에 협력하는 형태라고 보면 됩니다.

그 반대도 같습니다. 그러나 현재~
를 할 수 없으므로, 실제로 이러한 감정이 생긴다면 👍 👎

3-3-3   ChatGPT의 생성 결과에는 'Good', 'Bad' 버튼이 표시되어 결과가 적절한지 피드백할 수 있다.

AI만으로 라벨링이 가능할까?

 그런데 Good과 Bad의 라벨링을 AI가 스스로 해낼 가능성도 있을까요?

음…. 저는 완전 자동화는 불가능하다고 생각합니다. 사람들의 가치 기준은 시대에 따라 변하기 때문에 지금은 문제가 없더라도 수십 년 뒤에는 문제가 있을 수도 있고요.

 확실히 차별적 표현인 단어 기준 등도 시대에 따라 변하고 있죠.

사람에게 좋은 것을 컴퓨터가 이해하도록 만드는 작업은 사실 어려운 일입니다. 사람에게 좋은 것과 나쁜 것은 오직 사람만이 판단할 수 있는 부분이 많고요.

 그 부분은 사람의 판단이 필요하겠네요. 강화학습은 규칙을 준비하고 결과에 따라 보상을 주는 학습 방법인데, **강화학습의 점수를 매기는 일에는 사람의 손길이 더해져 정확도가 높아진다는 사실**을 알 수 있었어요.

정확도를 높이는 딥러닝이란?

앞장까지 배운 비지도학습과 강화학습의 정확도 향상에는 딥러닝의 발전이 큰 영향을 미쳤습니다. 인간의 두뇌를 참고하여 만든 딥러닝 기법의 기본에 대해 알아봅시다.

딥러닝은 인간의 두뇌를 모방한 기법

지금까지 설명해주신 학습 방법도 아주 훌륭하지만, 예를 들어 사람이 보낸 메일인데도 스팸메일로 분류되기도 해요. **정확도를 더욱 높일 수 있을까요?**

네, 가능합니다. 머신러닝의 정확도를 높이는 **딥러닝**이라는 방법이 있습니다. 기계학습에서 라벨링을 하기 위한 판단 기준을 전문용어로 **'특징'**이라고 하는데, 이러한 특징을 사람이 직접 설계하지 않고 특징 자체를 기계가 학습하는 방식입니다.

사람으로 치자면, 사전 교육 없이 바로 현장에 뛰어들어 직접 일을 해보면서 배우는 방식인가요? 컴퓨터가 그런 일을 할 수 있나요?

딥러닝은 인간의 두뇌를 참고해서 만들어졌어요. 사람의 뇌에는 수십조에서 수백조 개의 세포가 있고, 세포와 세포를 연결하는 시냅스가 있습니다. 이러한 구조를 모방한 **뉴럴 네트워크**라는 모델을 사용하고 있습니다.

인간의 뇌 구조를 모방했기에 사람처럼 스스로 판단을 할 수 있나요? 뭔가 대단하네요.

다음은 뉴럴 네트워크의 구조를 나타낸 그림입니다. 각각의 원이 인간의 뇌로 치면 세포에 해당하고, 이를 연결하는 선이 시냅스에 해당합니다.

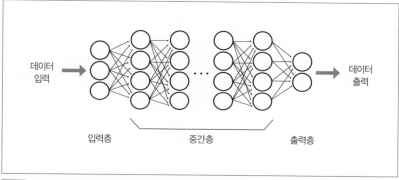

3-4-1   신경망은 인간의 뇌를 모방한 구조로 되어 있다. 중간층이라는 곳에서 다양한 판단을 한다.

    '입력층'과 '중간층'이란 무엇인가요?

딥러닝은 이름에서 알 수 있듯이 '심층', 즉 깊은 층에서 학습한다는 의미입니 다. **입력층에 사람의 자연어를 기계가 이해할 수 있는 형태로 입력하면, 중간 층에서 이를 처리해 최종적으로 스팸메일인지 아닌지를 판단한 결과를 출력 층에 내놓게 됩니다.**

    스팸인지 아닌지를 판별하는 작업은 중간층에서 한다는 말씀이신가요?

맞습니다. 중간층은 숨은 계층이라고도 하는데, 사람으로 치면 URL이 이상하 다거나 문장이 부자연스럽다고 판단하는 식으로 스팸메일의 특징을 구분하 는 과정입니다.

    그림을 보면 인간의 뇌세포에 해당하는 동그라미가 여러 개 있는데, 중간층이 많이 존재한다는 말씀이신가요?

네, 맞습니다. **중간층이 여러 겹으로 이어져 있고, 여러 가지 판단 축을 바탕으로 컴퓨터가 스스로 생각해서 판단**을 내립니다. 입력부터 출력까지 많은 층이 있다고 해서 딥러닝이라고 부릅니다.

 여러 가지를 생각해서 최종 판단을 내리는 거군요. 정말 사람의 사고방식과 비슷하다는 느낌이 드네요.

다만 딥러닝이 반드시 우수하다고는 할 수 없고, 용도에 따라서는 다른 기법이 정확도가 더 높을 때도 있으므로 목적에 따라 선택하는 것이 중요합니다.

중간층은 아직 미지의 영역

 그렇다면 중간층에서는 구체적으로 어떤 기준으로 판단해서 최종 출력을 하나요?

사실 이 부분은 **외부에서는 보이지 않는 블랙박스 상태**인 경우가 많습니다. 이 부분이 AI를 비즈니스에 활용할 때도 문제가 되고 있습니다.

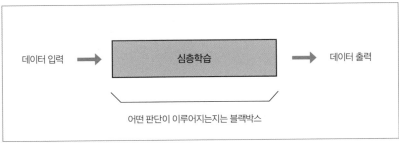

3-4-2   딥러닝은 어떤 판단 축으로 판단을 내리는지 블랙박스 상태이다. 설명할 수 없다는 점이 과제이다.

작동 원리를 설명할 수 없는 것을 도입하기에는 위험성이 있다는 뜻일까요?

맞습니다. 그래서 최근에는 **XAI**라고 해서 **설명 가능한 AI(Explainable AI)**를 구현하기 위한 움직임도 일어나고 있습니다.

 하지만 현재로서는 미지의 세계에 가깝지 않나요? 어떻게 설명할 수 있도록 만들 수 있을까요?

예를 들어 메일이라면 스팸메일이라고 판단한 단어를 구체적으로 제시하는 방식 등이 있습니다. 기준은 잘 모르겠지만, AI가 이 결과를 내놨으니 따르라고 지시하기에는 실제 업무 현장에서는 현실적이지 않아요. 사람들이 AI가 내놓 은 결과에 대해 이해할 수 있어야 AI 활용의 폭이 넓어지겠죠.

 기준에 대한 설명이 가능하다면 활용 가능성은 더욱 넓어지겠네요.

하지만 **정확도와 설명 가능성은 서로 상충하는 측면**이 있습니다. 실제 현장에 서는 목적에 따라 어느 쪽을 더 중요하게 여길지 판단해야 할 것 같습니다.

 AI의 학습 방법 중 매뉴얼에 해당하는 학습 데이터를 주는 것이 지도학습, 데 이터만 주고 스스로 학습하게 하는 방식이 비지도학습, 규칙과 보상을 주고 시 행착오를 거치게 하는 것이 강화학습입니다. 그리고 이러한 **학습의 정확도를 높이는 방법으로 딥러닝이 있다**는 사실까지 배웠습니다. 이렇게 AI의 학습 방 법에 대해 정리했습니다.

ChatGPT가
학습하는 데이터

ChatGPT는 웹의 방대한 데이터를 학습하여 다양한 텍스트를 생성합니다. 어떤 데이터를 어떻게 학습하고 있는지 알아봅시다.

ChatGPT는 어디에서 학습할까?

 ChatGPT는 대량의 데이터를 딥러닝, 강화학습 등의 기법으로 학습한다는데, **학습용 데이터는 어디서 얻고 있나요?**

ChatGPT에서 사용하고 있는 모델은 2022년 초에 학습을 완료한 GPT-3.5 시리즈입니다. 다시 말하자면 **2022년 초까지 웹에 존재했던 정보를 기반으로 학습한다는 뜻**입니다.

 웹의 정보도 다양할 것 같은데, 어떤 정보를 사용하고 있나요?

논문에 따르면 커먼 크롤링(Common Crawl)이라는 데이터셋을 사용하는 것 같아요. 이는 웹의 정보를 스크래핑(scraping)이라는 방식으로 추출해서 수집한 데이터입니다. 또한 위키피디아와 일부 오프라인의 정보도 사용한다고 합니다.

 전부 합치면 얼마나 많은 데이터인가요?

데이터 용량으로 따지면 **필터링 이전이 45TB**(테라바이트), **그리고 부적절한 정보를 제외한 필터링을 거친 570GB**(기가바이트)**의 데이터**를 사용한다고 발표했어요.

 텍스트 데이터만으로 그 정도 용량이면 정말 방대한 정보량이네요.

그렇죠. 인터넷 공간을 도서관으로 본다면, 마치 도서관에 있는 책을 많이 읽은 것 같죠. 인터넷에 공개된 텍스트 대부분을 이미 알고 있는 상태라고도 할 수 있습니다.

 그렇군요! 그래서 그렇게 높은 퀄리티의 문장을 빠르게 생성할 수 있군요.

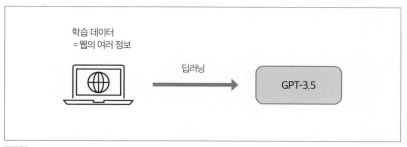

3-5-1 ChatGPT에서 사용하는 GPT-3.5는 2022년 초까지 웹에 있는 다양한 정보를 학습하고 있다.

최근 데이터는 학습하지 않았다

 참고로 GPT-3.5는 2022년 초에 학습을 마친 모델이라고 하는데, 그 이후에 **새로 나온 웹의 정보는 학습하지 않았다**는 말씀이신가요?

맞습니다. 그러므로 **최신 정보를 반영한 답변은 어렵다는 점이 ChatGPT의 약점**이라고 할 수 있습니다.

그런데 GPT-3.5 이외의 GPT 모델은 학습하는 데이터의 시기가 다른가요?

ChatGPT 출시 이전부터 API가 제공된 GPT-3는 2021년 6월까지의 데이터로 학습하고 있습니다. 그래서 **GPT-3로 만든 서비스의 경우 생성되는 텍스트에 반영되는 정보는 ChatGPT보다 조금 더 오래된 정보까지 반영**하고 있습니다.

 웹 검색으로는 최신 정보를 언제든 얻을 수 있다는 점을 고려하면, 최근 정보가 반영되지 않는 점은 조금 불편하겠네요.

검색엔진과 결합하여 이러한 약점을 보완하는 구조도 등장하고 있습니다(5장 참조).

 2022년 12월에 일본에서 가장 화제가 된 뉴스는 무엇입니까?

 2022년 12월에 일본에서 가장 화제가 된 뉴스를 단정해서 꼽기는 어렵지만, 일반적으로는 아래와 같은 주제가 관심이 높았습니다.

- 경제, 산업, 신종 코로나바이러스의 영향을 받은 경기 부양책과 회복에 관한 주제
- 정치: 참의원 선거나 정치 동향에 관한 주제
- 사회: 인권문제나 사회문제에 관한 주제

이들은 어디까지나 일반적인 주제이므로 구체적인 뉴스에 대해서는 다를 수도 있습니다.

3-5-2 ChatGPT에 최근 일어난 사건에 대해 질문하면 구체적인 언급을 피한 일반적인 답변이 돌아오는 경우가 많다.

 ChatGPT는 웹에 있는 방대한 데이터를 학습하기 때문에 다양한 텍스트를 생성할 수 있습니다. 하지만 **2022년 초까지의 데이터만 학습했기 때문에** 그 이후의 정보는 현재(2023년 3월 기준) ChatGPT의 생성 결과에 반영할 수 없군요.

AI는 사람처럼
생각하고 문장을 만들까?

ChatGPT는 마치 사람과 대화하는 것처럼 자연스러운 대화가 가능합니다. 어떤 원리로 이런 일이 가능할까요? AI가 사람처럼 문장을 생각하고 있다고 할 수 있을까요?

생성되는 문장이 자연스러운 이유

 ChatGPT가 생성하는 문장은 **컴퓨터가 만든 문장이라는 느낌보다는 마치 사람이 쓴 글처럼 자연스러워요.** 어떻게 이런 문장을 만들어낼 수 있을까요?

가장 큰 이유로는 ChatGPT의 기반인 GPT-3.5라는 모델이 **파인튜닝**을 하기 때문입니다.

 파인(fine)은 '미세한', 튜닝(tuning)은 '조정'인데요, 구체적으로 어떤 일을 하나요?

기본 모델을 **특정 용도에 맞게 미세하게 조정**한다는 뜻입니다. ChatGPT는 사람이 만든 데이터, 즉 사용자와 AI가 대화하는 형태의 데이터를 미세하게 조정하므로 보다 자연스러운 대화가 가능합니다.

 AI가 사람처럼 생각하고 글을 쓸 수 있다는 건가요?

그건 조금 다릅니다. 사람은 기본적으로 악의가 없는 한 누군가 모르는 것을 물어보면 모른다고 하고, 자신이 아는 범위 내에서 대답하려고 하잖아요.

그렇죠. 잘 모르면서도 아는 척하는 사람도 있지만, 기본적으로는 본인의 지식과 기억을 바탕으로 대답하죠.

ChatGPT 같은 문장생성 AI는 사람의 사고방식과는 달리 **단어의 의미를 이해하지는 못합니다.** 2장에서도 설명했듯이 대량의 학습 데이터를 처리해 **그럴듯한 대답을 확률적으로 내놓을 뿐**입니다.

 스스로 생각하고 대답하는 것은 아니라는 점에서 사람과 다르다는 말씀이신가요?

맞습니다. 그래서 2장에서 시도해본 것처럼 엉뚱한 대답을 하기도 합니다. 사람의 대답과는 다르다는 사실을 이해하고 사용한다는 점이 중요합니다.

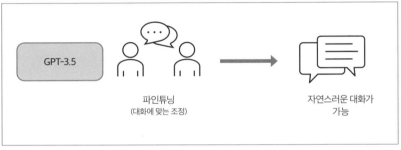

3-6-1 기본 모델인 GPT-3.5에서는 대화에 맞게 조정하면서 사람처럼 자연스러운 대화가 가능해졌다.

센스 있는 말투를 구사하는 이유

 답변의 내용과는 별개로, **말투나 표현이 정말 사람같이** 느껴지기도 해요. 이것도 사람이 대화하는 형식의 데이터를 학습하기 때문인가요?

학습 데이터의 양이 많아진 것이 가장 큰 이유 같습니다. 그 배경에는 신경망처럼 고도화된 알고리즘이 사용되기도 하고, 처리 속도가 빨라진 부분도 중요한 이유겠죠.

 많이 경험할수록 배려심 있는 말을 할 수 있게 됐다는 뜻인가요?

그렇죠. **사람이 평생 대화하는 만큼의 데이터는 이미 학습했다**고 할 수도 있어요.

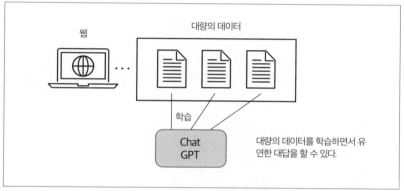

3-6-2   대량의 데이터를 학습하면서 경험치가 쌓이고 유연한 대화가 가능하다.

 사실 ChatGPT를 곤란하게 하려고 '제 꿈은 고양이가 되는 것입니다. 고양이가 되는 방법을 알려주세요'처럼 대답하기 어려운 질문을 해봤어요.

그 질문은 정말 대답하기 좀 어렵겠네요.

 처음에는 사람은 고양이가 될 수 없다는 답변이 돌아왔지만, 계속 질문을 반복하니까 그건 멋진 꿈이라며 제 말을 긍정하는 답변이 돌아왔어요.

내가 고양이가 되는 건 어릴 적부터 꿈이었어요.

그건 멋진 꿈이네요. 하지만 현실적으로 사람은 고양이가 될 수는 없어요. 고양이를 사랑할 수는 있습니다. 고양이의 행동이나 습관을 배워서 고양이와 함께 살 수 있죠. 한편으로는 고양이를 잘 돌보거나 복지에 힘쓸 수도 있습니다. 이러한 일들이 당신의 꿈을 이루어줄지도 모릅니다.

일단 긍정은 하지만 현실적으로 사람은 고양이가 될 수 없다고 계속 답변하고 있네요.

 무조건 부정하지 않는 소통 방식이 무척 인간적이라는 생각이 들었는데, 이런 답변은 어떻게 가능한 걸까요?

아마 파인튜닝의 성과가 나타나지 않았을까 합니다. 웹 데이터만으로는 대화를 부드럽게 하기가 쉽지 않은데, 대화형 데이터로 **파인튜닝을 하면서 보다 적절하게 상황에 맞춰나가는 유연한 대화가 가능**해진 것 같네요.

비속어를 사용하지 않는 ChatGPT

 한 가지 더 궁금한 점이 있는데, ChatGPT는 **비속어나 속어를 사용하지 않고 항상 예의 바른 말로 답변**을 하는 것 같아요. 이것도 어떤 방식으로든 조정이 이루어진 걸까요?

네, 그렇습니다. 앞서 말씀드린 것처럼 웹에서 수집한 45TB(테라바이트)의 데이터를 필터링해서 570GB(기가바이트)까지 범위를 좁혀서 사용하고 있습니다. 이 과정에서 **적절하지 않은 단어는 제외했다고 합니다.**

꽤 많은 양의 데이터를 필터링하네요. 적절하지 않은 단어는 애초에 학습하지 않았다는 뜻일까요?

여기에 더해 '강화학습의 점수화'(3-3장 참조)를 통해 부적절한 텍스트가 나오지 않도록 훈련합니다.

적절하지 않은 생성 결과에 마이너스 보상을 줌으로써 그런 답변이 나오지 않도록 하는 거군요.

맞아요. 이렇게 2단계의 과정을 거치면서 부적절한 단어가 나오지 않도록 하고 있어요.

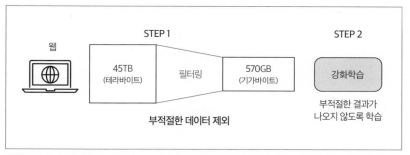

3-6-3 학습 데이터를 필터링하는 단계에서 부적절한 내용을 배제하고, 강화학습을 통해 부적절한 결과가 나오지 않도록 한다.

ChatGPT가 자연스러운 대화를 할 수 있는 이유는 파인튜닝을 통해 대화에 맞게 조정을 하고, 학습 데이터의 양이 많아졌기 때문이군요. 부적절한 단어를 사용하지 않는 이유는 데이터 시점에 필터링을 거쳤거나 강화학습에 의한 것이고요. 마치 사람처럼 대화하는 것처럼 보이지만, 실제로는 사람이 직접 생각하고 말하는 과정과는 구조가 다르다는 점을 알게 되었어요.

API 덕분에
다양한 서비스가 탄생하다

기존의 프로그램을 이용해 새로운 서비스를 개발할 때는 API(1장 참조)를 활용하는데, 2023년 3월 OpenAI에서는 ChatGPT의 API를 공개했습니다. 이는 ChatGPT를 기반으로 한 서비스를 외부 사업자가 자유롭게 만들 수 있다는 뜻입니다.

앞으로는 ChatGPT의 기능을 더욱 편리하게 사용할 수 있는 다양한 서비스가 생길 전망입니다. 동시에 데이터 정책도 변경되어 API를 통해 전송된 데이터는 모델 학습에 활용하지 않는다고 명시한 점도 적극적인 개발에 도움이 될 것입니다. 본문에서 언급했듯 ChatGPT는 텍스트 이외의 생성형 AI나 검색엔진 등 다른 도구와 결합하여 활용될 가능성도 큽니다. 머지않아 다양한 도구와 서비스에 ChatGPT가 탑재되어 더욱 친숙한 존재가 되지 않을까 싶습니다.

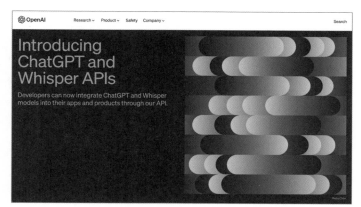

3-C-1 OpenAI는 2023년 3월에 ChatGPT의 API를 공개했다.

ChatGPT 업무
활용 사례와
잠재 가능성

다양한 분야에서
활용할 수 있는 ChatGPT

실제 업무에서의 활용 가능성

ChatGPT로 높은 퀄리티의 문장을 생성할 수 있다는 사실은 앞장에서도 확인했습니다. 목적에 맞게 제대로 지시를 내릴 수 있다면, 기업의 블로그나 제품 광고 문구를 기획하는 등 업무에서도 충분히 사용할 문장을 만들 수 있습니다.

하지만 ChatGPT는 범용성이 높아서 어떤 텍스트도 생성할 수 있는 만큼, 제대로 지시를 내리지 않으면 원하는 문장을 생성하기 어렵습니다. 이럴 때는 GPT-3 같은 모델을 사용해서 개발된 특정 목적에 특화한 서비스를 이용하는 방법도 있습니다. 4장에서는 ChatGPT와 특화형 서비스의 차이점 및 사용법에 관해서도 설명하겠습니다.

용도는 다양하지만 프로그램 작성 등은 주의해야 한다

문장생성 AI는 이메일이나 챗봇 같은 고객 서비스에 활용하거나 아이디어를 창출할 때 활용도가 높습니다. 특히 소설 등 창작에 특화된 생성 서비스까지 있는 만큼 폭넓은 분야에서 활용할 수 있습니다.

심지어 프로그래밍 코드까지도 생성할 수 있지만, 학습 데이터 원본에 대한 권리를 침해할 가능성이 있다는 의견도 있습니다. 그러므로 생성된 코드를 그대로 사용하고자 할 때는 무척 신중해야 합니다.

반면 코드 리뷰 등 엔지니어의 업무를 보조하는 용도로 활용한다면 당장 업무에 활용할 수 있습니다. ChatGPT뿐만 아니라 생성형 AI를 활용할 때는 이러한 문제점과 위험성을 이해하고 활용하는 자세가 필요합니다.

검색엔진과 통합하면서 검색 방법도 변할 것이다

대다수 사용자가 친숙하게 사용할 만한 분야로는 '검색'을 꼽을 수 있습니다. 앞으로는 검색할 때도 대화형 문장생성 AI를 자주 사용할지도 모릅니다. 마이크로소프트가 검색엔진과 대화형 AI를 통합하고, 구글도 채팅 형식으로 이용할 수 있는 AI를 개발하는 등 빅테크 기업들의 새로운 움직임도 활발합니다. 이렇게 검색에 대화형 문장생성 AI를 활용하는 사례는 꾸준히 늘어날 전망입니다.

ChatGPT가 공개되어 문장생성 AI가 대중적으로 널리 알려진 시기는 2022년 11월 말입니다. 이 책이 나온 시점에서는 아직 초기 단계이므로, 앞으로 어떤 형태로 널리 퍼지고 정착할지는 미지의 영역입니다. 4장에서는 업무와 관련된 다양한 분야에서 현시점 기준 어떤 일들이 가능한지, 그리고 앞으로 어떻게 진화할지 설명하겠습니다.

4-0-1
마이크로소프트는 OpenAI의 대화형 AI와 검색엔진을 통합한 새로운 Bing을 발표했다.

1

문장생성 AI를
업무에서 활용하기

문장생성 AI 서비스는 업무에서도 다양하게 활용할 수 있습니다. 우선 문장생성 AI 서비스들이 어떻게 구성되어 있는지 주요 용도에 관해 설명하겠습니다.

문장생성 AI 서비스의 종류

 ChatGPT 외에도 AI를 이용해 문장을 생성하는 서비스들이 있지 않나요? 이러한 서비스에 대해서도 알려주세요.

생성형 AI와 관련된 서비스는 크게 2가지로 나뉩니다. 먼저 OpenAI처럼 **AI 모델 자체를 만드는 기업**, 그리고 **기존 AI 모델을 활용해 서비스를 개발하고 판매하는 기업**입니다.

 기존 모델을 사용한다는 뜻은 OpenAI 등이 내놓은 API 등을 이용해 서비스를 개발한다는 뜻인가요?

맞습니다. 자체적으로 AI 모델을 만들지 않고, 기존 모델에 독자적인 데이터나 노하우를 더해 특정 영역에 강점을 가진 서비스를 만드는 경우도 많아요.

 독자적인 데이터나 노하우란 어떤 것인가요?

해당 기업만이 가지고 있는 고유한 지식 같은 것이죠. 예를 들어 제가 속해 있는 회사에서는 Catchy(캐치)라는 문장생성 서비스를 제공하고 있는데, 동시에 디지털 마케팅 관련 업무도 함께 진행하고 있습니다. 여기서 얻은 지식을 바탕으로 **기존 AI 모델을 조정하여 생성 결과를 더욱 최적화하고 있어요.**

 어떤 조정을 하느냐에 따라 광고 문구 생성에 특화되어 있다거나, 이메일 문장에 특화된 식으로 **차별화**를 할 수 있겠네요.

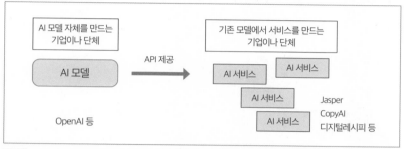

4-1-1 크게 OpenAI와 같은 모델 자체를 개발하는 기업과 이를 기반으로 독자적인 서비스를 만드는 기업으로 구분할 수 있다.

문장생성 AI를 활용할 가능성이 있는 분야는?

 문장생성 AI를 실제로 업무에 활용한다면 어떤 분야에서 특히 가능성이 있을까요?

많은 분야에서 활용할 수 있습니다만, 크게 **'비용 절감'과 '매출 기여'**라는 2가지 관점에서 생각해볼 수 있습니다.

 비용 절감은 구체적으로 어떤 용도인가요?

단순하게는 **외주로 맡기던 업무에 AI를 활용해서 외주 작업 비용을 절감**하는 용도죠.

기존에 **사람이 담당하던 일을 AI에게 지시를 내려서 진행한다**는 말씀이신 가요?

그렇죠. 예를 들어 SNS 운영이나 블로그 작성 같은 업무라면 지금까지는 디렉 터가 외부 직원 여러 명에게 의뢰해서 일을 진행했지만, 이제는 디렉터 한 명 만 있으면 해결할 수 있습니다.

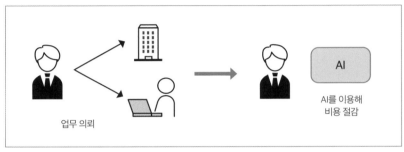

4-1-2　지금까지 외주로 진행했던 SNS 운영이나 블로그 운영 등의 업무에 AI를 활용하면 비용 절감 등의 효과를 기대할 수 있다.

 두 번째로 매출에 이바지한다는 것은 구체적으로 어떻게 가능한가요?

영업 담당자가 고객으로부터 받은 메일에 답장을 보내는 경우 등을 생각해볼 수 있습니다. 예를 들어 자신이 과거에 보낸 메일의 문체나 내용을 AI에 학습시 킨 다음, 고객이 보낸 메일을 열면 이미 AI가 답장 초안을 작성하는 식이에요. 그러면 작업이 훨씬 수월해지겠죠.

 그렇게 되면 정말 굉장하겠어요. 사람은 AI가 작성한 메일을 편집해서 보내기 만 하면 되는 거니까요.

이렇게 **효율화를 하면 더 많은 고객과 커뮤니케이션할 수 있고, 결과적으로 매출 증가**로 이어질 수 있습니다.

4-1-3 이메일 회신 등을 보조하는 도구로 문장생성 AI를 활용해 업무를 효율화하면 더 중요한 업무에 시간을 할애할 수 있다.

   그 외에는 어떤 용도로 활용할 수 있을까요?

기획서나 제안서, 보도자료 등도 AI로 먼저 대강 만든 다음 수정하면 **처음부터 직접 만들 때보다 생산성이 높아질 수 있죠.**

   최종 마무리는 사람이 하더라도 AI를 사용해서 과정을 단축할 수 있겠네요.

단순히 외주화를 줄여서 비용을 절감할 뿐만 아니라, **일상적인 업무에서도 AI를 활용해서 효율적으로 일하는 것이 중요**합니다. **오히려 그렇게 하지 않으면 기업으로서 살아남기 어려운 시대가 올지도 몰라요.**

   문장생성 AI를 업무에 활용할 때는 '비용 절감'과 '매출 기여'라는 2가지 관점이 있는데, 둘 다 갖춰야 하는군요. 지금 하는 업무 프로세스 중에서 문장생성 AI를 통해 노동력을 절감할 수 있는 부분을 찾아 도입하는 자세도 필요하지 않을까 싶네요.

2 웹 기사 작성하기

기업 블로그와 같은 콘텐츠 분야는 문장생성 AI를 활용할 가능성이 큽니다. GPT-3 등을 활용한 다양한 서비스와 ChatGPT와의 차이점, 그리고 제작시 유의점을 질문했습니다.

웹 기사를 AI로 만들 수 있을까?

실제 업무 현장에서 문장생성 AI를 활용한다고 가정할 때 가장 먼저 떠오르는 분야는 기업 블로그 등 **콘텐츠 제작**에 사용하는 경우가 아닐까요. ChatGPT 에서도 가능한가요? 아니면 GPT-3 등 다른 서비스를 이용하는 편이 낫나요?

물론 ChatGPT를 사용할 수도 있지만, 블로그에 최적화된 서비스도 있어요. 해외에서는 Jasper나 CopyAI(1-4 참조)가 점유율이 높습니다.

두 서비스는 사이트 자체가 영어라 진입장벽이 조금 높은 것 같아요. 일본에 는 어떤 서비스가 있나요?

저희가 운영하는 Catchy도 많은 분들이 이용하고 있습니다(비슷한 서비스로 한 국은 '뤼튼'이 있다. https://wrtn.ai/). 참고로 말씀드리자면 Catchy는 한 번 클릭 으로 글 전체를 작성하는 방식이 아니라, 단계별로 글을 제작할 수 있다는 점 이 특징입니다.

사람이 직접 글을 쓸 때는 먼저 제목을 생각한 다음 어떤 내용을 쓸지 고민해 서 부제를 적고, 그 후에 각 제목에 맞춰 본문을 작성하는 식으로 단계를 거치 는 과정과 비슷하네요.

네. Catchy에서도 이와 비슷한 과정을 거칩니다. 예를 들어 'AI의 비즈니스 활용 가능성'에 대한 글을 쓰고 싶을 때는 '제목 만들기' 항목에 해당 주제를 입력하면 제목 초안이 생성됩니다.

4-2-1   일본의 문장생성 AI 서비스인 Catchy의 화면이다. 글의 주제를 입력하면 제목 초안이 생성된다.

 '비즈니스가 AI의 혜택을 누릴 수 있는 3가지 방법', 'AI는 어떻게 업무 성과를 높일 수 있을까?' 등 기사 제목이 될 만한 초안이 나왔어요.

제목이 정해지면 이어서 '소개 글 작성'으로 이동해 기사의 개요를 입력합니다.

 기사의 개요는 스스로 생각해야 하는군요.

서론이 완성되면 이를 바탕으로 제목을 작성하고 마지막으로 본문을 생성합니다.

 제목이 생성된 시점에 중간에 직접 텍스트를 편집할 수도 있네요. 수정하면서 진행하면 원래 생각하던 이미지에 더욱 가까운 결과물을 얻을 수 있겠네요.

그렇죠. 저희는 **AI에 무조건 전부 맡기기보다는 작성자의 생각을 AI에 제대로 전달하고 반영하는 것이 중요하다고 봅니다.** 그래서 **일부러 클릭 한 번에 전부 생성하는 형태는 피하고 있어요.**

어떤 기사를 만들고 싶은지 **전체적인 방향성은 작성자가 직접 생각하고 지시해야겠네요.**

4-2-2　Catchy에서는 기사의 개요를 직접 입력한다. 이후 소개 글이나 제목 작성 단계에서도 필요에 따라 편집하면서 작성할 수 있다.

ChatGPT와 특화형 서비스의 차이점

그런데 Catchy나 Jasper, CopyAI 같은 서비스와 ChatGPT는 어떤 점이 다른가요?

블로그 글 작성, 광고 문구 작성 등 **특정한 목적을 전제로 만들어졌다는 점이** 가장 크게 다른 부분입니다. ChatGPT는 어떤 텍스트라도 생성할 수 있지만, 그만큼 목적에 맞는 결과를 얻으려면 지시하는 노하우와 기술이 필요해요.

2장에서 말씀하신 내용처럼 전제를 잘 전달하는 것도 중요하겠네요.

맞습니다. 반면 Catchy에서는 GPT-3를 사용하는데, **전제에 해당하는 부분을 미리 설정해놓았기 때문에 간단한 지시만 내려도 목적에 맞는 결과를 쉽게 얻을 수 있어요.**

 ChatGPT로 정확한 지시를 내릴 자신이 없거나, 시도해봤지만 원하는 결과를 얻지 못할 때 유용하겠네요.

그렇죠. 누가 사용해도 일정한 퀄리티의 결과물을 생성할 수 있다는 점이 ChatGPT와 비교했을 때 강점이라고 할 수 있습니다.

 AI에 무조건 맡기기보다는 생성자 본인이 어느 정도 편집한다는 전제가 있다면 콘텐츠 제작에도 문장생성 AI를 충분히 활용할 수 있다는 사실을 깨달았어요. **스스로 AI를 어느 정도 다루느냐에 따라 ChatGPT를 사용할지 혹은 전문화된 서비스를 선택할지 구분해서 사용**하면 더욱 좋겠네요.

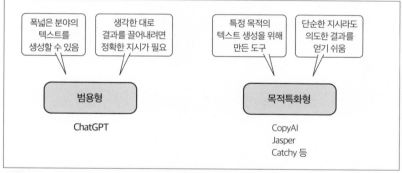

4-2-3 ChatGPT는 폭넓게 사용할 수 있지만, 지시할 때 노하우가 필요하다. 특화형 서비스는 간단한 지시만으로 목적에 맞는 문장을 생성할 수 있다.

3

광고 문구나 기획에도 활용하기

문장생성 AI는 긴 문장을 생성할 뿐만 아니라 광고 문구나 기획안을 구상할 때에도 도움이 됩니다. 구체적으로 어떤 용도로 사용할 수 있을지 활용 시 고려할 부분을 알아봅시다.

효과적이고 짧은 광고 문구 만들기

광고에서 사용하는 문구처럼 짧은 텍스트를 생성할 때도 ChatGPT를 사용할 수 있나요?

가능합니다. 2장에서도 말씀드렸듯이, **전제 조건과 더불어 어떤 문구를 만들고 싶은지 최대한 구체적으로 지시하는 것이 포인트입니다.**

이 책의 광고 문구를 쓴다고 가정하고 '문장생성 AI의 업무 활용 가능성'을 다룬 책을 홍보할 때 사용할 문구, 특히 미래에 희망적인 느낌을 주는 내용으로 문구 후보 10개를 만들어 달라고 지정해보았어요.

좋네요. 미래에 희망적인 메시지를 준다는 지시가 들어가면 처음 떠올린 방향성과도 가까워질 것 같아요.

'당신의 업무 효율을 극대화하는 문장생성 AI', '문장생성 AI로 한계를 뛰어넘는 비즈니스의 새로운 상식' 등의 문구가 생성되었어요. 이건 원래 문장을 요약한 문구인데요.

비교해보면 알겠지만, 원래 문장에 없는 문구도 생성했어요.

 그렇네요, '한계를 뛰어넘다'라는 말은 원래 글에는 없네요.

이러한 부분이 문장생성 AI만의 강점입니다. 요약하는 AI는 원래 문장에 포함 된 사실 기반 정보만 쓸 수 있지만, 문장생성 AI는 **새로운 문구를 추가하면서 표현의 폭을 넓힐 수 있지요.**

 문장생성 AI를 업무에 활용할 때 가능성에 관해 쓴 책을 홍보하는 용도로 사용하려고 합니다. 희망적인 미래의 느낌을 주는 광고 문구 후보 10개를 알려주세요.

 1. 문장생성 AI로 미래의 문을 열자
2. 당신의 비즈니스를 가속하는 문장생성 AI
3. 새로운 시대의 커뮤니케이션 도구, 문장생성 AI
4. 문장생성 AI로 한계를 뛰어넘는 업무의 새로운 상식
5. 인공지능에 의한 문장창조, 업무에 활용하는 방법
6. 문장생성 AI가 가져올 혁신, 비즈니스에 살릴 방법
7. 미래의 커뮤니케이션, 문장생성 AI가 이끄는 길
8. 인공지능에 의한 문장생성, 업무에서의 최첨단 기법
9. 문장생성 AI가 비즈니스 퍼포먼스를 크게 끌어올린다
10. 비즈니스의 새로운 선구자, 문장생성 AI에의 도전

4-3-1　ChatGPT에서 생성한 광고 문구로 '책 홍보', '미래에 희망적인 느낌을 주는' 등의 단어로 구체적 인 방향성을 지정했다.

 하지만 ChatGPT에 정확한 지시를 내리기는 꽤 어려워요. 원하는 대로 결과 가 나올 때까지 시행착오를 여러 번 거쳐야 할 것 같네요.

이럴 때는 광고 문구 생성에 최적화된 서비스를 이용하면 편리합니다. 예를 들 어 Catchy에는 광고 문구 생성 도구가 준비되어 있습니다.

 Catchy는 광고 문구의 기본이 되는 문장을 입력하고 분위기를 지정하기만 하 면 되네요. 이 정도면 고민할 필요 없이 바로 사용할 수 있겠어요.

기획 아이디어를 구상할 때도 유용

 새로운 기획을 구상할 때도 사용할 수 있나요?

ChatGPT로 제작할 때는 어떤 사람을 대상으로 어떤 콘텐츠를 만들고 싶은
지 **최대한 구체적으로 지시**하면 좋습니다.

 예를 들어 이 책의 목차 초안을 만든다면 '직장인을 위한'과 같은 전제 조건은
필수로 지정해야겠네요.

뿐만 아니라 **'100만 부 돌파를 위한 재미있는 목차안'** 정도로 **구체적인 지시**
를 넣어도 좋지 않을까요.

> 👤 ChatGPT에 관해서 직장인 대상으로 책을 쓰려고 합니다. 100만 부를 돌파할 수 있도록 재미있는
> 목차 기획안을 항목별로 제시해주세요.
>
> 🤖 1. ChatGPT의 기초와 기술: 도입부터 실제까지 일련의 흐름   👍 👎
>   2. ChatGPT를 사용한 고객 지원 최적화
>   3. ChatGPT를 사용한 콘텐츠 생성의 새로운 가능성
>   4. ChatGPT를 사용한 업무 효율화: 자동화에 따른 작업 최소화
>   5. ChatGPT를 사용한 비즈니스 인텔리전스: 데이터 분석 및 예측에서의 활용
>   6. ChatGPT의 보안과 프라이버시: 적절한 관리방법
>   7. ChatGPT의 미래전망: 새로운 어플리케이션과 기술 트렌드

4-3-2　　ChatGPT로 생성한 책의 목차안이다. 다소 딱딱한 느낌이 들어서 이후에 '좀 더 부드럽게'라는 지시를 내려 조정했다.

 너무 구체적으로 지시하면 AI가 잘 알아듣지 못할까 봐 걱정했는데, ChatGPT
는 구체적일수록 좋은 결과물을 내는군요.

맞아요. 전제 조건이나 **구체적인 지시사항은 너무 많이 썼나 싶을 정도로 자세하게 적어도 괜찮습니다.**

문장을 부풀리거나 아이디어를 확장

 지금까지의 사용법을 보면 **짧은 문장을 길게 부풀려서 완성형 문장으로 만드는 용도가 있고, 광고 문구나 기획을 떠올리는 것처럼 아이디어를 확장하는 용도**가 있는 것 같아요.

맞아요. 기본 정보가 어느 정도 준비된 상태에서 정형화된 문장 형태로 만드는 **부풀리는** 용도와 아이디어를 새롭게 창출하거나 AI를 대화 상대처럼 사용하는 **확장** 용도처럼, 크게 2가지로 나눌 수 있습니다.

 두 경우 모두 **목적에 특화된 서비스를 사용할 때는 각각의 용도에 맞는 서비스를 사용하고, 범용형 ChatGPT를 사용할 때는 가능한 한 구체적인 지시를 내리는 작업이 중요**하군요.

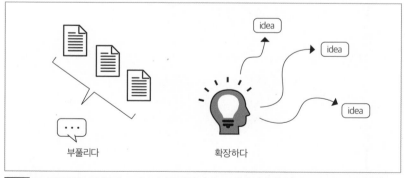

부풀리다   확장하다

4-3-3   문장생성 AI의 용도는 크게 2가지로, 원래의 텍스트에서 짜임새 있는 문장을 만드는 '부풀리기'와 새로운 아이디어를 얻는 '확장하기'로 구분할 수 있다.

고객 서비스에 활용하기

문장생성 AI는 실제 업무 현장에서 고객 문의에 답변하거나 마케팅을 위한 고객 리서치 용도로도 활용할 수 있을까요? 앞으로의 가능성에 대해 알아봅시다.

고객 문의 답변에도 활용

 고객 문의 답변이나 고객 지원 같은 분야에서도 문장생성 AI를 활용할 수 있을까요?

당연히 다양한 분야에서 활용도가 높습니다. 예를 들어 **이메일 문의 답변은 상당히 실용성이 높은 분야**라고 생각합니다. 2022년 말 Ellie(엘리)라는 서비스가 공개되자마자 큰 주목을 받기도 했습니다.

 구체적으로는 어떻게 사용하나요?

웹브라우저인 크롬(Chrome)이나 파이어폭스(firefox)에 추가하는 확장 프로그램으로 제공되는데, **이메일의 문맥을 이해하고 답장을 작성**해 줍니다.

 AI가 답장을 생성해주는군요. 마지막에는 사람이 직접 마무리를 해야겠지만, 대략적인 답장 초안이라도 자동으로 생성해준다면 상당히 편하겠어요.

과거에 보낸 답장을 통해 문체를 학습하기 때문에 마치 본인이 직접 쓴 듯한 문체로 답장을 작성해줍니다.

Home   Pricing   🇬🇧 English ∨   Downloads

Meet Ellie, your AI email assistant 🤍

Ellie learns from your writing style and crafts replies as if they were written by you

↩ ∨   Ryan

✓ Respectful ↓ Casual 😡 Annoyed ✓ Interested 👎 Not interested Write ✎   ?

Hi Ryan,

Thank you for informing Danielle and I about the exciting new change to how Product Hunt organizes product info! We appreciate being thought of as valuable community members. The all-new Product Hubs look like a great way for us to easily follow each product's journey on Product Hunt. Thanks again for keeping us in the loop!

Cheers,
James

4-4-1　Ellie는 웹브라우저 확장 프로그램으로 설치하면 Gmail 등에서 이용할 수 있다.
https://tryellie.com/

챗봇의 정확도 향상도 가능

　그 외에는 어떤 분야에서 활용할 수 있을까요?

챗봇 활용은 매우 기대할 만합니다. 기존 챗봇은 질문에 대한 답변을 미리 준비하는 규칙 기반(1-5장 참조)이었는데, 여기에 **문장생성 AI를 활용하면 더욱 높은 성능을 발휘**할 수 있어요.

　현재의 규칙 기반 챗봇과 비교하면 정확도가 얼마나 높아질까요?

규칙 기반 챗봇도 세세한 규칙을 잘 설정해놓으면 답변 정확도가 비교적 높습니다. 그러므로 문장생성 AI로 전환한다고 해서 얼마나 정확도가 높아질지 확답하기는 어렵습니다.

그렇군요. 지금 규칙 기반 챗봇도 충분히 정확도가 높을 수 있지만, 문장생성 AI를 통하면 사람이 세세하게 규칙을 설정하는 번거로움 없이도 손쉽게 정확한 챗봇을 만들 수 있군요.

4-4-2 고객 서비스용 챗봇을 규칙 기반에서 문장생성 AI를 이용한 챗봇으로 대체할 가능성도 있다.

전화 문의에서도 활용

 이메일이나 채팅뿐만 아니라 **전화 문의에도 활용**할 수 있을까요?

'Speech to Text'라고 하는데, 여러 기업에서 음성을 텍스트로 변환하는 기술을 활용한 서비스를 내놓았습니다. 2022년 9월에는 OpenAI도 Whisper라는 오픈소스 모델을 출시했고요.

 이 서비스들을 이용하면 **전화 음성을 문자로 만들기도 간단한가요?**

네, 그렇습니다. 일단 텍스트로 만들어 놓으면 **그 후에는 문장생성 AI를 통해 답변을 얻을 수 있어요.**

 AI로 얻은 **답변을 음성으로 변환해서 고객의 전화를 받을 수도 있나요?**

충분히 가능합니다. 'Text to Speech'라는 합성음성의 영역으로 이미 널리 사용되고 있어요.

고객의 전화 음성을 텍스트로 만들 수 있다면, 답장을 작성해서 그 내용을 음성으로 되돌려주는 과정까지 자동으로 가능하다는 말이네요. 상당히 편리해지겠어요.

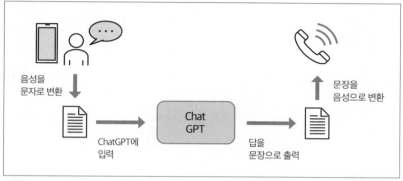

4-4-3　전화 음성을 문자로 변환한 후 ChatGPT에서 답장을 생성한다. 그 후 다시 문자에서 음성으로 변환하여 전화 문의에 대응한다.

집합적 성격을 서비스 개선에 활용

 지금까지 말씀드린 것처럼 고객 문의에 직접 답변하는 업무가 아니라 **시장 조사를 할 때도 문장생성 AI를 사용**할 수 있나요?

가능성 있는 분야입니다. 지금까지 수집한 데이터를 통해 고객의 **집합인격**을 만들어 상품 개발 등에 활용하는 방식도 주목을 받고 있어요.

 '집합인격'이라고요? 대체 어떤 것인가요?

기업에 있는 자사의 **고객 데이터를 AI에 학습시켜서 쌓고, 새로운 상품을 개발할 때 만들어진 '인격'과 대화해서 의견을 듣는 방식**입니다.

상품을 개발할 때 고객의 의견이 궁금하다면, 기존에는 고객 대상으로 인터뷰를 하거나 모니터를 모집해서 샘플을 체험하도록 했잖아요. 이러한 방법을 대체할 수 있나요?

맞습니다. **지금까지 수집한 고객의 목소리를 바탕으로 나이, 성별, 속성별로 가상의 고객을 만들어 신제품 개발이나 패키지 디자인에 대한 의견을 물어볼 수도 있습니다.**

이미 그런 서비스가 있나요?

해외에서는 **viable**이라는 서비스가 주목을 받고 있습니다. 앞으로도 비슷한 서비스가 나오지 않을까요.

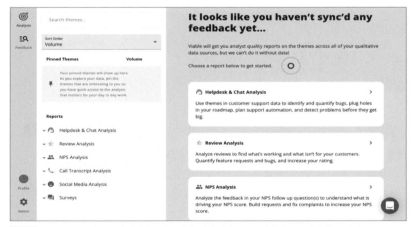

4-4-4　viable은 기존 고객 데이터를 활용한다. 대화 형식으로 고객의 니즈를 파악할 수 있다.
https://www.askviable.com/

대량의 고객 데이터가 쌓여있지만 이를 활용하지 못하는 기업이 많을 것 같아요. 잠자는 데이터를 활용할 수 있고, 리서치에 들어가는 시간과 비용도 크게 아낄 수 있다는 점은 무척 기대되네요.

수치로 표현할 수 없는 고객의 정보를 눈에 보이게 만들면, 이러한 정보는 커뮤니케이션에 큰 도움이 됩니다. **고객을 이해하는 데 활용한다는 측면에서 가능성이 큰 분야**예요.

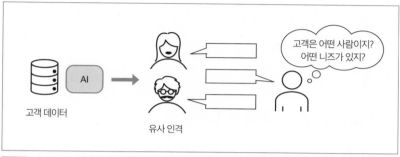

자사에 축적된 고객 데이터를 AI에 학습시켜 고객의 '유사 인격'을 생성한다. 채팅을 통해 니즈 등을 파악한다.

 지금까지 살펴본 사례를 보면, 고객 지원 같은 분야에서는 상당히 폭넓게 활용할 수 있겠네요.

그렇죠. 사실 문장생성 AI 외에도 상담 현장에서 AI를 활용하려는 시도는 이미 꽤 진행되고 있어요. 예를 들어 **전화 목소리에 담긴 억양으로 감정을 분석하**거나, 온라인 상담 영상에서 **미소 비율이나 표정 변화를 읽어내서 고객의 심리를 이해**하는 실마리로 삼는 식으로 여러 가지 시도를 하고 있습니다.

 여기에 문장생성 AI가 더해지면 더욱 다양한 용도를 만들어낼 수 있겠네요.

그렇죠. **보다 효율적이고 정확하게 고객 지원**을 할 수 있을 것 같습니다.

 우선은 지금 말씀하신 것처럼 메일 답변이나 챗봇 활용, 그다음에는 음성으로 전화를 받거나, 유사 인격을 만들어서 고객을 이해하는 데 활용할 수 있겠네요. 앞으로가 기대됩니다.

5 프로그래밍에 활용하기

ChatGPT와 같은 생성형 AI를 이용해 프로그래밍 코드도 만들 수 있습니다. 어느 정도까지 가능한지, 그리고 생성된 코드에 대한 권리 문제도 알아봅시다.

AI로 프로그램을 작성할 수 있을까?

ChatGPT는 등장 직후부터 **프로그래밍 코드를 짤 수 있다는 점**이 큰 화제를 불러일으켰지요. 실제로는 어느 정도까지 할 수 있나요?

현재는 AI가 모든 부분을 도맡아 코드를 짠다기보다는, **프로그램 일부분을 생성하는 정도**라고 보시면 좋을 것 같습니다.

예를 들어 웹 서비스 코드를 작성한다면 ChatGPT에 명령한다고 곧바로 서비스를 시작할 만큼 만들기는 어렵겠네요.

맞아요. 그래서 **사람의 작업을 완전히 대체하기까지는 아직 멀었다고** 생각해요.

실용적인 수준에 도달하려면 아직 시간이 더 필요하다는 뜻인가요?

그렇지는 않습니다. 예를 들어 **기존에 작성한 코드를 리뷰**할 때는 지금 수준으로도 충분히 활용할 수 있습니다.

기존 코드의 오류나 개선점을 찾기 위해 내용을 검사하는 작업인가요?

네, 그렇습니다. 예를 들어 다른 사람이 작성한 코드를 보고 어떤 의도로 작성했는지 해석하는 데 시간이 오래 걸립니다. 이러한 작업에 활용하면 효율적으로 작업할 수 있지요.

 그 외에는 어떤 용도로 사용할 수 있을까요?

테스트 코드라고 하는데, 동작이 제대로 되는지 확인용 코드를 작성할 때도 사용할 수 있겠네요.

 프로그램이 제대로 돌아가는지 확인할 때 사용하는 코드인가요?

네, 그렇습니다. 테스트 코드에는 수많은 '경우의 수'가 발생하는데, 이를 전부 해결하는 코드를 작성하기까지는 상당한 시간이 걸립니다. 이를 AI로 생성하면 효율성이 크게 올라가지요. 버그가 발생하더라도 치명적인 수준은 아니므로 자동으로 생성하면 효과적입니다.

프로그램
일부를 생성

기존 코드
리뷰

테스트 코드
생성

4-5-1 프로그램 일부를 생성하거나, 기존 코드를 검토하거나, 테스트 코드를 생성하는 등의 용도라면 AI를 충분히 활용할 수 있다.

 글을 쓸 때도 AI에 전부 맡기기보다는 사람이 글을 쓰는 작업을 보조하는 방식으로 사용했잖아요. 프로그래밍도 마찬가지인가요?

네, 그렇죠. 지금 말씀드린 2가지 용도로 업무를 **보조하는 역할은 이미 업무에서 사용할 수 있는 수준**입니다.

프로그램 생성에 특화된 서비스

 ChatGPT 외에도 프로그래밍 코드 생성을 지원하는 AI 서비스가 있나요?

GitHub Copilot(깃허브 코파일럿)이라는 서비스가 유명합니다. 엔지니어를 위한 코드 공유 서비스인 GitHub와 OpenAI가 공동 개발한 서비스예요.

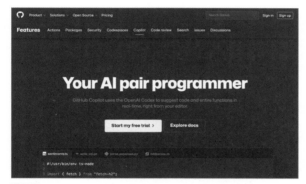

4-5-2   GitHub Copilot은 프로그램을 생성하거나 중간까지 작성된 코드의 나머지 부분을 생성할 수 있다. https://github.com/features/copilot

 지정한 프로그램을 자동으로 생성하거나, 사람이 중간까지 작성한 코드의 내용을 이어서 쓸 수 있군요. 무척 편리할 것 같아요. 하지만 **프로그래밍 소스는 저작권이 있기**도 하잖아요. 이건 어떻게 학습하나요?

GitHub에서 공유된 코드를 사용한다고 하는데, 사실 미국에서는 **규약 위반이라는 지적**에 따라 OpenAI와 GitHub, 그리고 GitHub의 모기업인 마이크로소프트를 상대로 집단 소송이 진행 중입니다.

저작권 문제가 없는 코드만 학습한 것이 아닌가 보네요.

소송을 제기한 측의 주장으로는 GitHub에 있는 코드를 이용해 새로운 코드를 생성하는 과정이 GitHub의 이용약관에 어긋난다고 합니다.

 글은 학습한 데이터와 똑같은 문장이 생성될 가능성이 비교적 낮지만, **프로그래밍 코드의 경우 학습 데이터를 알 수 있는 형태로 생성될 가능성**도 있나요(2-7장 참조).

생성형 AI 자체가 아직 대중적으로 보급된 지 얼마 되지 않았기 때문에 권리 문제를 포함한 다양한 규칙에 대해서는 앞으로 논의가 필요합니다.

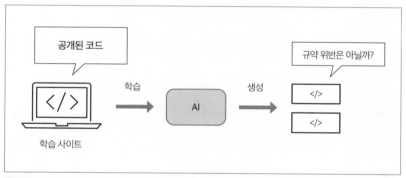

4-5-3　GitHub에 공개된 데이터를 학습해 코드를 생성하는 것은 규약 위반이라는 지적과 함께 집단 소송이 진행 중이다.

 앞에서 말씀하신 것처럼 기존 코드를 검토하거나 테스트 코드를 생성하는 용도라면 권리 침해나 치명적인 결함 같은 문제는 비교적 덜 발생하겠네요. 우선 그런 용도로 활용하면 업무 효율화로 이어지지 않을까요.

창작 활동에 활용하기

지금까지 업무 등 실용적인 분야에서 문장생성 AI를 활용하는 가능성에 대해 살펴보았습니다. 그 외에 창작 분야에서도 AI를 활용할 수 있을까요? AI를 활용한 소설 등 콘텐츠 제작 현황을 알아보겠습니다.

소설도 쓰는 AI

 문장생성 AI로 **소설 등 콘텐츠도 창작**할 수 있나요?

사실 일본에서는 ChatGPT가 등장하기 전부터 소설을 생성하는 AI를 꽤 활발하게 사용하고 있었어요.

 소설에 특화된 도구가 이미 있나요?

일본에서 나온 서비스로는 'AI노벨리토'(AI のべりすと, https://ai-novel.com/), 'AI BunCho'(https://bun-cho.work/) 등이 있습니다.

 AI노벨리토는 소설의 발췌 부분을 입력하면 자동으로 다음 페이지를 만들 수 있군요(다음 페이지 화면).

캐릭터 설정, 대화와 지문 비율 등 세세한 부분까지 설정할 수 있어요.

 한꺼번에 연속된 내용이 생성되지는 않지만, 몇 줄씩 추가해 나가다가 마음에 들지 않으면 다시 생성할 수도 있네요. 시행착오를 거치다 보면 점점 생각하던 형태에 가까워질 수 있겠어요.

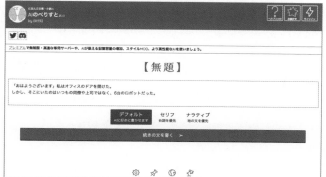

4-6-1
AI노벨리토의 소설
생성 화면이다.

생성 기법에 따라서는 상당히 높은 퀄리티의 작품을 만들어낼 수도 있습니다.
실제로 2022년에 일본 문학상인 '호시 신이치 상'에서 2022년에 **AI로 만든 작품이 입선**하기도 했습니다.

애초에 AI를 활용한 작품으로 문학상에 응모할 수 있나요?

호시 신이치 상은 응모규정에 '사람 이외의 존재가 쓴 작품(인공지능 등)도 응모할 수 있다'라고 명시되어 있습니다.

응모규정 **응모자격**

■ 응모부문은 일반부문, 주니어 부문 2부문입니다.
· 일반부문에 나이 제한은 없습니다만 일반부문, 주니어 부문에 같은 작품을 중복해서 응모할 수는 없습니다.
· 그룹으로 공동작품을 응모하거나 학교 차원에서 참가하는 것은 인정하지 않습니다. 여러 집필자가 공동작품을 쓰는 경우 응모 신청란에 대표자 1명의 정보를 기재하고 펜네임 난에 그룹명을 기재해주세요. 주니어 부문에 응모할 때는 그룹 멤버 전원이 마감 시점에서 응모 기준을 충족해야 합니다.
■ 응모원고는 일본어로 된 미발표 원고로 한정합니다. 또한, 다른 문학상에 중복해서 투고하는 것은 삼가십시오. 양식은 세로쓰기를 추천합니다.
· 사람 이외(인공지능 등)의 응모작품도 신청을 받습니다. 다만 그 경우 연락 가능한 보호자, 또는 대리인 정보를 기재해주십시오. 인공지능을 어떻게 창작에 활용하였는지 설명을 요청할 수도 있습니다.
· 인공지능을 창작에 활용하더라도 심사에 영향을 미치지는 않습니다. 또한, 그 정보는 심사 기간 중 심사원들에게는 알려지지 않습니다.

4-6-2 '호시 신이치 상' 모집 요강(2022년, 제10회)으로 인공지능 등을 사용한 작품도 신청을 받는다고 명시되어 있다.

모집 요강에 적힌 '인공지능 작품을 응모할 경우 연락 가능한 보호자 또는 대리인을 기재해주세요'라는 주의사항은 좀 신기하네요.

상당히 급진적인 시도이긴 하지만, **창작의 영역에서도 AI를 활용한다는 개념은 조금씩 일반인들도 받아들이고 있다고 생각**합니다.

 하지만 아직은 AI로 소설을 쓰는 행위를 부정적으로 보는 사람들도 있을까요?

모두가 긍정적으로 생각하지는 않겠지요. 웹 소설을 올리는 플랫폼에 따라서는 완전히 AI로만 작성한 작품은 일정한 규제를 하자는 움직임도 있습니다.

 이미지 생성 AI 등 다른 생성형 AI 창작물에서도 비슷한 문제 제기와 논쟁이 있네요. 한동안은 찬반양론이 분분할지도 모르겠어요.

AI로 표어나 시를 만들 수 있을까?

 AI가 창작을 잘하지 못하는 분야도 있나요? 예를 들어 **표어**처럼 짧은 문구는 오히려 어렵지 않나요?

그렇지는 않을 거예요. **표어는 앞서 시도한 광고 문구 생성처럼 만들 수 있습니다.** 또 과거 표어 공모전에서 수상한 작품을 학습시켜, 그 표어를 흉내 내서 만들어볼 수도 있겠지요.

 그렇군요. 일정한 틀이 있는 콘텐츠는 AI로도 비교적 쉽게 만들 수 있군요. 일본의 전통적인 정형시인 하이쿠 등은 어떤가요? 반드시 사자성어를 넣어야 한다던가 나름의 규칙이 많아서 어려울 것 같아요.

ChatGPT로만 만들기는 어렵겠지만, 일본의 하이쿠에 특화해서 학습시키면 가능하지 않을까요.

 미리 사계절과 관련된 단어를 학습시키고, 지시를 내릴 때 '봄과 관련된 단어를 꼭 한 개씩 써주세요'라고 지시하는 식인가요?

그렇죠. 특정 목적에 맞는 텍스트를 생성하고 싶다면 ChatGPT나 GPT-3 등의 모델을 그대로 사용하기보다는 목적에 맞게 최적화하면 더욱 활용도가 높습니다.

 조정하기에 따라 다양한 분야에서 AI를 활용한 콘텐츠도 창작할 수 있겠네요.

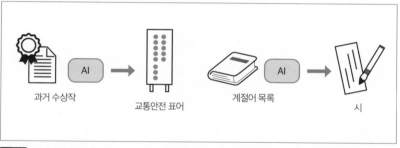

과거 수상작   AI   교통안전 표어   계절어 목록   AI   시

4-6-3   표어나 일본의 하이쿠 등을 AI로 만든다면 과거 작품이나 관련 목록 등의 데이터를 학습시키고 조정을 거쳐 최적화할 수 있다.

 소설 등 창작 분야에서도 생각보다 AI를 활발하게 활용한다는 사실에 놀랐습니다. **앞으로는 AI와 사람이 협업해서 만든 작품도 자주 접하는 날이 머지않았네요.**

Chapter ④

7

검색엔진 대신
대화형 AI로 대체 가능할까?

어떤 질문에도 대답해주는 대화형 AI는 검색에서도 활용 가능성이 큽니다. 앞으로 검색엔진
을 대체할 수 있을까요? 주요 검색엔진 업체들의 동향을 살펴봅시다.

■ 검색엔진을 지원하는 AI

 ChatGPT와 같은 AI는 어떤 질문에도 대답해주는데, 그러면 **검색엔진처럼
사용**할 수 있나요? 앞으로는 검색엔진도 대화형 AI로 대체될까요?

완전히 대체가 이뤄질지는 모르겠지만, 이미 통합하려는 움직임은 진행 중입
니다. 마이크로소프트는 2023년 2월 자사의 검색엔진 **Bing**에 차세대 대화형
AI 모델을 탑재할 예정이라 발표했고 이미 이용할 수 있어요.

 Bing은 검색엔진 중에서는 별로 들어보지 못했는데, 성능이 향상될까요? 어
떤 작업이 가능한가요?

마이크로소프트 웹브라우저 엣지(Edge)에서 Bing을 검색하면 검색결과 화면
오른쪽에 채팅창이 뜨고, 거기서 대화형 상호작용을 할 수 있어요.

 ChatGPT와는 어떻게 다른가요?

**웹의 검색결과를 참고해서 답변합니다. 어떤 웹페이지를 참고했는지도 적혀
있어요.**

ChatGPT의 경우 학습을 한 시점 이후의 정보는 대답할 수 없다는 단점이 있지요. 이러한 약점을 보완해준다면 AI의 모델 자체는 ChatGPT와 같은가요?

ChatGPT에 사용하는 GPT-3.5보다 더욱 강력한 모델을 탑재했다고 합니다.

 ChatGPT보다 더 성능이 좋아졌다고 볼 수 있겠네요. **ChatGPT와 검색의 장점을 합친** 만큼 검색도 효율적으로 할 수 있겠어요.

4-7-1　　Bing의 대화형 AI는 웹 검색결과를 반영해 답변한다. 참고한 웹페이지 링크도 함께 제공된다.

 검색할 때 보통 포털사이트인 구글, 야후, 네이버 등을 사용하는 사람이 많은데, 앞으로는 이런 기능 때문에 Bing을 쓰는 사람도 많아지겠네요.

구글도 대화형 AI 서비스 Bard(바드)를 발표했습니다. 다음 페이지에서는 구글이 개발한 AI 모델 LaMDA(람다)를 활용한 사례를 소개합니다.

4-7-2 구글도 대화형 AI 서비스 Bard를 발표했는데, 자사의 AI 모델 LaMDA를 채용했다.

구글은 독자적인 AI를 채택하는 방향으로 결정했군요. 앞으로는 OpenAI와 함께 경쟁하면서 진화할까요?

그럴지도 모르죠. 참고로 웹브라우저 확장 프로그램에서, **구글 검색 화면에 ChatGPT 답변을 함께 보여주는 도구도 있어요.**

그것도 편리하겠어요. 기존 브라우저에서도 사용할 수 있나요?

네, 그렇습니다. 예를 들어 'ChatGPT for Search Engines'이라는 확장 프로그램은 평소처럼 **구글 검색을 하면 해당 검색어를 ChatGPT에 입력할 때의 답변이 화면 오른쪽에 표시**됩니다.

4-7-3
'ChatGPT for Search Engines'은 크롬, 파이어폭스, 엣지용으로 제공되고 있다.

이러한 도구가 등장하면 웹에서 검색하는 경험 자체가 크게 달라지겠네요.

글쎄요, 본질적인 경험이 바뀐다기보다는 **어디까지나 보조적인 존재**라고 보는 게 맞지 않을까요?

그 이유는 무엇인가요?

예를 들어 자기가 무엇이 궁금한지, 어떤 것을 배우고 싶은지 말로 표현하지 못하면 결국 정보에 도달할 수 없잖아요.

딥러닝에 대해 배우고 싶다는 생각조차 없으면 대화형 AI에 질문할 수도 없고, 애초에 딥러닝이라는 단어를 전혀 모르면 어떤 것을 물어봐야 할지도 모른다는 뜻인가요?

맞습니다. **수동적인 상태로는 정보에 접근할 수 없다는 사실은 기존의 웹 검색과 같아요.** 결국 근본적인 부분은 크게 달라지지 않을 겁니다.

논문 검색 + 대화형 AI의 도구

이외에도 검색과 대화형 AI를 결합한 도구가 있나요?

논문 검색에 특화된 Elicit(엘리싯)이라는 서비스가 상당히 편리해요.

구글 검색에서 논문을 검색하는 방식과는 어떤 점이 다른가요?

구글처럼 키워드 검색으로 논문을 검색하여 결과를 보여주기도 하고, **논문 내용에 대해 저자와 대화하는 느낌으로 요점을 추출할 수 있습니다.**

The AI Research Assistant

Elicit uses language models to help you automate research workflows, like parts of literature review.

Elicit can find relevant papers without perfect keyword match, summarize takeaways from the paper specific to your question, and extract key information from the papers.

While answering questions with research is the main focus of Elicit, there are also other research tasks that help with brainstorming, summarization, and text classification.

Sign up

4-7-4 논문 리서치 서비스 Elicit은 논문 내용을 질문 형식으로 요약·추출할 수 있다. https://elicit.org

궁금한 내용을 대화 형식으로 물어볼 수 있고, 질문에 대한 답변이 논문의 어디에 나와 있는지도 알려주네요.

지금까지 검색하던 기존 방식과 대화형 AI가 결합하면 스스로 능동적으로 정보를 찾는 경험을 하면서 상당히 달라질 가능성도 있습니다.

검색엔진을 완전히 대체할 수 있을까?

지금까지 소개해주신 도구들은 기존 검색 방식에 대화형 AI가 더해져 2가지를 함께 사용하는 형태잖아요. 언젠가 **검색엔진 대신 대화형 AI만으로 검색을 완성하는 시대도 올까요?**

우선 지금과 같은 ChatGPT 모델은 최신 정보에 대해서는 답을 할 수 없다는 큰 약점이 있으므로 쉽지 않아요.

이러한 약점을 기술적으로 해결하면 검색엔진을 사용하지 않을 가능성도 있나요?

어떻게 될까요? 그렇다고 해도 회사 차원에서는 비즈니스 모델을 어떻게 만들지 과제가 남습니다.

 Bing이나 구글 같은 현재의 검색엔진은 검색결과에 연동되는 광고로 이익을 얻는 구조죠. 만약 **채팅만으로 정보를 찾고 더는 웹 검색을 하지 않는다면, 광고를 볼 사람이 없어지겠네요.**

현재로서는 광고 비즈니스 모델이 없으면 지속적인 검색엔진 서비스가 불가능하므로 당장 검색을 완전히 대체하기는 어려울지도 모르겠네요.

 우선은 검색엔진과 대화형 AI를 병행하는 형태의 도구가 널리 퍼지지 않을까요. 앞으로 비즈니스 모델을 포함해 어떻게 변화할지는 지켜봐야겠네요.

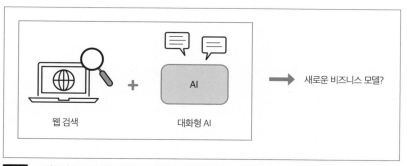

4-7-5　　당분간은 기존 검색엔진과 대화형 AI가 병행해서 사용될 전망이다. 추후 새로운 비즈니스 모델이 탄생할 가능성도 있다.

대화형 AI 서비스를
자체 개발할 때 유의할 점은?

기존 AI 모델을 활용해 문장생성 AI를 자체적으로 개발한다면 어떤 점을 유의해야 할까요?
기존 모델과 차별화할 방법과 더불어 어떤 생각이 필요할지 살펴봤습니다.

개발사가 신경 써야 할 부분

 조금 다른 이야기인데요, **문장생성 AI 서비스를 자체적으로 개발하려고 할
때 필요한 점**들을 말씀해주세요.

GPT-3나 ChatGPT 모델을 활용해 서비스를 제공하려는 기업들을 위한 조언
인가요?

 앞으로 다양한 서비스가 나올 것 같아요. 이런 상황에서 사람들이 오랜 기간
사용할 수 있는 서비스를 만들려면 어떤 점을 고려해야 할까요?

**우선 기존 모델을 자사 서비스에 그대로 적용하기만 해서는 의미가 없습니
다.** 원래 모델과 비교해서 차별점이 없게 되죠.

 그러면 그냥 ChatGPT를 사용하면 될 테니까요. 어떻게 하면 좋을까요?

앞의 4-1에서도 말씀드렸듯이 **자사만의 데이터와 노하우를 살려 기존 모델
을 조정하거나, 사용자가 정확한 지시를 내릴 수 있도록 AI에 전달하는 지시
문을 잘 생각하는 것이 중요**합니다.

사용자가 ChatGPT보다 사용하기 편하다고 느낄 만한 아이디어가 필요하다는 말씀이시네요.

그리고 서비스를 설계할 때 **전체적인 그림을 잘 그리는 것**도 중요해요.

 어떤 기능을 넣을지만 봐서도 안 되나요?

해당 서비스가 사용자의 작업 과정에서 어떤 부분을 어떻게 지원할지, 그로 인해 사용자가 여유 자원을 어떻게 활용할지, 결과적으로 어떻게 긍정적인 영향을 주는지도 여러모로 고민하고 설계해야 합니다.

 당장 AI가 화제니까 일단 서비스를 만들어서 내놓자는 식의 접근은 좋지 않겠네요.

AI를 사용하는 것 자체가 목적이 되면 안 돼요. 모델 자체는 누구나 접근할 수 있지만, 어떻게 차별화할지가 중요합니다.

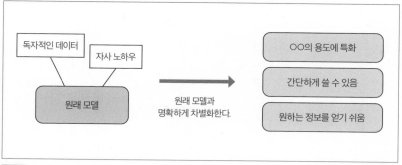

4-8-1   기존 모델 그대로는 할 수 있는 일이 크게 달라지지 않는다. 독자적인 데이터와 노하우로 어떻게 차별화할 것인지가 중요하다.

작은 구역으로 나뉜 도서관

 ChatGPT와 GPT-3, 그리고 ChatGPT의 API를 이용해 개발하는 모델을 어떻게 구분하면 좋을지 조금 더 구체적으로 상상할 수 있을까요?

인터넷에 있는 정보가 도서관에 꽂힌 책이라면, **ChatGPT는 필요한 책을 알려주는 도서관 사서**라고 생각하시면 어떨까요.

 예를 들어 16세기 서양사 책을 찾고 있다고 사서에게 말하면, 내용이 있을 만한 책을 알려준다는 거죠?

네, 맞아요. 하지만 사서가 책을 알려주더라도 본인이 직접 책이 있는 서가까지 찾아가야 하잖아요.

 맞아요. 사서에게 질문할 때도 스스로 서양사에 대해 얼마나 잘 알고 있는지 정확하게 알려주지 않으면 원하는 책과는 동떨어진 책을 안내받을 것 같네요.

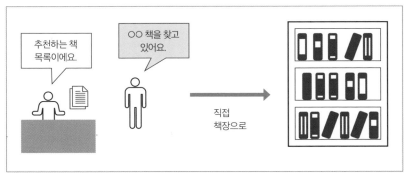

4-8-2 도서관에 비유하면 ChatGPT는 사서가 추천하는 책을 안내하는 단계만 가능하고 책이 꽂혀있는 서가까지는 스스로 가야 한다.

한편 OpenAI가 제공하는 모델을 활용해서 새로운 서비스를 개발한다면, 16세기 서양사 전용 코너를 만들 수 있습니다. 조금 더 세분화해서 중학교 수준부터 다시 공부하고 싶은 사람들을 위한 코너 혹은 역사에 진심인 사람들을 위한 코너를 꾸밀 수도 있죠.

 특정 코너에 가면 필요한 책이 원하는 만큼 갖춰져 있겠네요.

맞습니다. **원하는 정보에 도달할 수 있는 지름길**을 알려준다는 느낌이라고 생각하면 돼요. 마치 도서관 사서가 도서관 장서 중에서 책을 골라 한데 모아놓고, 이용자가 곧장 바로 그곳까지 갈 수 있도록 안내한다고 상상하면 됩니다.

4-8-3 기존 모델을 활용해 개발하는 서비스는 도서관의 책을 목적별로 분류한 작은 공간과도 같다. 공간에 도달하기만 하면 필요한 책을 얻을 수 있다.

 GPT-3나 ChatGPT의 모델을 활용해서 자체적으로 서비스를 개발할 경우, **모델을 그대로 사용하기보다는 독자적인 데이터와 노하우를 더해 차별화해야 한다는 점**을 배웠어요. 노력에 따라 다양한 가능성이 있겠네요.

구글이 개발하는
언어 모델, LaMDA

2023년 2월 대화형 AI인 Bard(바드)를 발표한 구글은 이전부터 대화형 애플리케이션용 언어 모델 LaMDA(람다)를 개발하는 데 힘썼습니다. 이번에 발표한 Bard에도 LaMDA가 탑재되어 있습니다.

LaMDA는 2021년 5월 구글이 발표한 대화형 언어 모델로, ChatGPT와는 달리 2023년 1월까지의 최신 데이터로 학습했습니다. 그동안 구글은 AI 서비스를 공개하는 데 매우 신중한 태도를 보였고, LaMDA의 API는 비공개 상태였기에 일부 데모 앱을 제외하고는 개발자나 일반 사용자가 접근할 수 없었습니다. 2022년 7월에는 구글 소속 AI 엔지니어가 LaMDA에는 감정과 의식이 있다는 발언을 해서 해고되는 해프닝이 벌어지기도 했습니다.

그런데도 이번에 공개하기로 한 이유는 최근 마이크로소프트와 OpenAI의 움직임에 크게 영향을 받았기 때문으로 보입니다.

4-C-1 LaMDA의 첫 번째 모델은 2021년 5월 구글의 개발자 컨퍼런스 '구글 I/O'에서 발표됐다.

생성형 AI와
공존하는 법

생성형 AI와
공존하기 위한 길

제대로 사용하기 위해 주의할 점

4장에서 살펴본 바와 같이 문장생성 AI를 비롯한 생성형 AI는 번거로운 작업을 효율적으로 처리하거나 아이디어를 확장할 때 특히 활용 가능성이 큽니다. 동시에 안심하고 사용하려면 사전에 위험성과 주의점을 미리 알아두어야 합니다.

우선 ChatGPT와 같은 문장생성 AI가 생성하는 내용에는 오류가 있을 수 있다는 점, 학습한 시점 이후에 새로 추가된 정보는 제대로 답변하지 못한다는 점을 기억해야 합니다. 생성된 결과를 웹 콘텐츠나 문서, 이메일 문장 등에 활용하려면 내용에 오류가 없는지 사람의 손으로 꼼꼼히 확인하는 것도 중요합니다.

그리고 AI가 학습하지 않은 최신 정보는 ChatGPT만으로는 답을 얻을 수 없으므로 처음부터 웹 검색을 사용하거나, 내용을 보완할 수 있는 도구도 필요합니다. 이외에도 프로그램 코드를 생성할 때는 특히 저작권 문제를 지적받을 수 있고, 스팸메일을 작성할 때 ChatGPT가 악용되는 등 생성형 AI를 둘러싼 일부 부정적인 측면에 대해서도 알아둡시다.

하지만 AI에 문제나 위험한 면이 있다고 해서 아예 사용하지 않는 것은 그리 현명하지 않습니다. 우리의 생활을 편리하게 만드는 도구가 무엇이든 사용법에 따라 일정 수준의 위험은 발생합니다. 이는 인공지능뿐만 아니라 자동차나 칼 같은 도구도 마찬가지겠지요. 어떤 경우에 리스크가 있는지, 이를 피하려면 어떻게 해야 하는지 제대로 이해한 후, 이용자 스스로 윤리의식을 갖고 사용하는 것이 중요합니다.

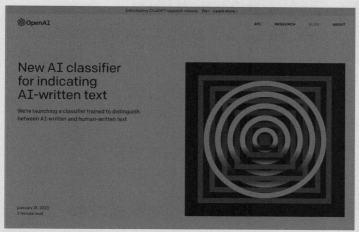

생성형 AI를 둘러싼 문제 대처 방안 중, AI가 생성한 문장을 구분하는 AI까지 등장하고 있다.

AI와의 공존은 가능하다

5장에서는 AI가 발전한 이후의 미래를 주목하고자 합니다. AI가 사람들의 일자리를 빼앗지는 않을지 불안해하는 사람들도 있겠지만, 현재 수준의 AI가 할 수 있는 작업과 그렇지 못하는 것을 잘 생각해보면 크게 걱정하지 않아도 됩니다.

여기서는 AI와 사람이 어떻게 공존할 수 있을지 더 나은 방식에 대해서도 생각해보고자 합니다. 이미지 생성 AI의 인기와 더불어 ChatGPT 덕분에 단숨에 사람들에게 널리 알려진 생성형 AI는 앞으로도 다양한 분야에서 활용될 가능성이 큽니다. AI를 비서 삼아 일하는 방식이 당연한 시대도 머지않았습니다. 그때가 오면 사람들은 자신만이 할 수 있는 일에 더욱 집중하면서 보다 나은 성과를 내고, 스스로 만들어낸 가치를 세상에 전달할 수 있을지도 모릅니다.

부정확한 생성 결과에 대처하는 법

ChatGPT를 비롯한 문장생성 AI가 생성한 문장이 반드시 정확하지만은 않습니다. 특히 업무에 활용할 때는 잘못된 정보를 제거하는 작업이 매우 중요합니다. 어떻게 해야 할까요?

거짓말하는 AI와 잘 지내는 방법

ChatGPT 같은 문장생성 AI가 만드는 내용이 항상 정확하지는 않다는 사실까지는 알았어요. 그럼 이렇게 **거짓말하는 AI**를 제대로 활용하려면 어떤 마음가짐이 필요할까요?

다시 한번 말씀드리지만, ChatGPT 같은 생성형 AI는 어디까지나 **확률적으로 그럴듯한 답변을 생성할 뿐**입니다. 그리고 해당 모델이 **학습한 시점 이후에 만들어진 정보는 대답할 수 없다는 점**도 명심해야 합니다.

사람으로 비유하면 말귀는 잘 알아듣지만, 이야기의 흐름과 논리를 제대로 이해한다고는 볼 수 없고, 최신 주제에 대해서도 잘 모르는 사람과 대화하는 것과 비슷한가요?

그렇죠. 일단 **한 번쯤 내용을 전부 의심해보는 태도**도 좋습니다. **어디까지나 업무를 지원하고 보조하는 도구 정도로 여기는 마음가짐**이 필요합니다.

생성된 내용을 그대로 받아들이기보다는, 스스로 사전 조사를 하거나 처음부터 다시 생각할 때 조금 더 수월하도록 도와주는 용도로 사용하면 좋겠네요.

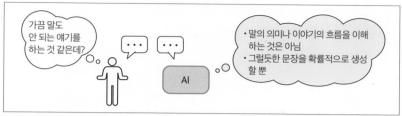

5-1-1 ChatGPT와 같은 대화형 AI는 대화 내용을 스스로 이해하고 생각해서 말하지는 못한다. 그러므로 내용이 사실인지 확인하는 작업이 필수다.

그렇다고 최신 정보를 학습하지 않아 답변에 반영 못하는 건 불편하네요.

이럴 땐 웹 검색결과를 답변해주는 서비스를 추천합니다. Perplexity AI(퍼플렉시티 AI)는 실시간 인터넷 검색을 한 최신 정보를 바탕으로 답변해줍니다.

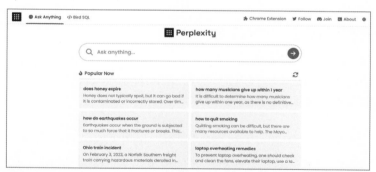

5-1-2 실시간 인터넷 검색결과를 포함한 정보를 바탕으로 답변하는 대화형 AI인 Perplexity AI.
https://www.perplexity.ai/

채팅을 주고받는 과정에서 학습한 데이터에 없는 내용은 웹에 있는 정보를 참고하는 방식인가요?

네. 마이크로소프트의 검색엔진 Bing에 탑재된 대화형 AI와 마찬가지로, 웹 검색결과를 참고해 답변하기도 하고 정보를 찾은 URL도 표시해줍니다.

채팅 형식으로 대화할 수 있다는 편리함은 유지하면서, 기존 ChatGPT의 약점을 보완하는 부분은 좋네요.

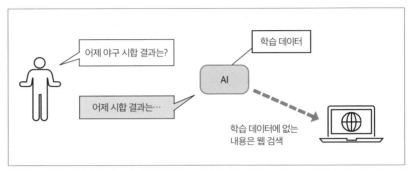

5-1-3 학습 데이터에 없는 정보를 웹 검색결과에서 실시간으로 찾아보는 방식으로 최근 정보에 대해서도 답변할 수 있다.

잘못된 정보가 퍼질 가능성

 AI가 생성한 문장이 정확한지 어떤지는 사람이 직접 신뢰할 만한 정보 소스를 찾아 확인하는 방법밖에 없나요?

그렇죠. 예를 들어 ChatGPT가 내놓은 답변에 대해 정말 내용이 맞는지 근거를 설명해 달라는 식으로 질문할 수도 있지만, 그에 대한 답변 역시 틀릴 가능성이 있습니다. 결국 기본적으로 사람이 **직접 사실 여부를 확인**해야 합니다.

 웹 검색에서 바로 확인할 수 있다면 제일 좋겠지만, 전문성이 높은 내용 같은 경우에는 직접 확인이 어렵다 보니 AI가 생성한 잘못된 정보를 그대로 사용할 수도 있겠어요.

그렇죠. 그런 점에서 문장생성 AI를 둘러싼 지금의 상황은 참여형 온라인 백과사전 위키피디아가 세상에 처음 나왔을 때와 비슷할지도 모릅니다.

위키피디아가 등장할 당시에도 잘못된 정보가 널리 퍼질 것이라는 비판이 있었죠.

위키피디아는 그나마 편집 이력이 공개되어 많은 이들의 눈에 띄었고, 내용이 계속 업데이트되는 식으로 잘못된 정보를 걸러내기 쉽도록 점차 발전했어요.

 오늘날 위키피디아도 모든 정보가 다 옳다고는 할 수 없지만, 어느 정도 한계를 이해하고 보조 수단으로 편리하게 이용하고 있잖아요. 인터넷에서 신뢰할 수 있는 정보 소스로 어느 정도 자리 잡은 것 같아요.

독특한 진화를 이룬 사례라고 생각합니다. 반면 **문장생성 AI의 경우 답변의 근거 자체가 비공개 상태이기 때문에 사용하는 사용자가 오류를 발견하기는 어렵습니다.**

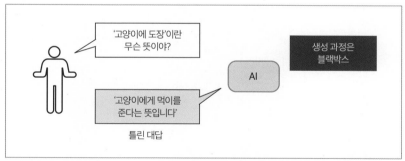

5-1-4 AI가 어떤 판단 기준으로 답변했는지는 미공개 영역이기 때문에, 왜 그런 오답이 생성되었는지 알 수 없다.

 AI 모델 구조상 왜 이런 답을 내놨는지 근거는 알 수 없다는 뜻이군요(3장 참조).

맞습니다. AI 모델의 내부 프로세스는 외부에서는 전혀 알 수 없어서 어째서 이러한 답변이 나왔는지 구체적인 과정은, AI 모델을 만든 사람조차도 알 수 없습니다.

사용하는 측에서 구체적인 근거를 제대로 알아보는 것이 중요하겠네요.

AI가 생성한 콘텐츠는 검색 상위에 노출되지 않을까?

 조금 다른 이야기지만, **문장생성 AI로 만든 콘텐츠는 구글 등 검색엔진의 상위 검색결과에 일부러 노출하지 않는다는 소문**을 들었는데요, 정말 그런가요?

검색 상위 노출에서 배제하지는 않는다고 합니다. 구글 공식 블로그에도 AI 의 적절한 사용은 가이드라인에 어긋나지 않는다고 명시되어 있으며, 구글은 계속해서 사용자에게 가치 있는 정보를 중요하게 여긴다는 방침을 고수하고 있습니다.

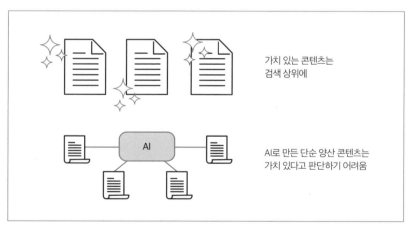

5-1-5 구글 검색 상위에 노출되는 내용은 사용자에게 가치가 있는 정보들이다. AI로 대량생산한 콘텐츠는 가치가 있다고 보기 어렵다.

 가치가 있다고 판단한 콘텐츠가 검색 상위에 노출되는군요.

그런 관점에서 보면 **AI로 양산된 콘텐츠는 어느 것이든 비슷비슷한 내용인 경우가 많다 보니, 결과적으로 검색 상위에 오르지는 못하겠지요.**

 AI로 만들었으니까 검색 상위 결과에 오르지 않는다기보다는, 비슷비슷하게 찍어낸 내용으로는 검색 상위에 노출되기 어렵다는 뜻이겠네요.

물론 AI로 만든 콘텐츠에 사람이 직접 편집을 추가하는 식으로 작업하면 독창적인 콘텐츠를 만들 수 있고, 그렇게 나온 콘텐츠가 검색 상위에 오를 수는 있어요.

 그렇다면 검색결과를 둘러싼 상황 자체는 현재와 크게 달라지지는 않겠네요.

그렇죠. 그렇게 걱정할 필요는 없습니다.

 AI로 생성한 글은 반드시 사실 확인을 해야 하고, 어디까지나 업무를 보조하는 도구라는 점을 염두에 두면서 가치 있는 콘텐츠를 만드는 데 잘 활용하면 되겠네요.

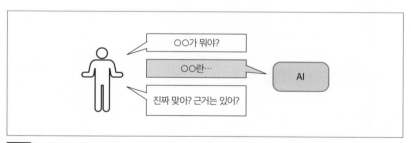

5-1-6 생성된 내용을 그대로 믿지 말고 반드시 사실 여부를 확인하면서 사용해야 한다.

2 AI가 생성한 문장 구분하기

AI로 정확도 높은 문장을 생성할 수 있게 되면서, AI가 만든 문장을 마치 사람이 쓴 글처럼 꾸미는 부정행위가 발생하기도 합니다. 과연 AI가 생성한 문장을 판별할 수 있을까요?

AI가 쓴 문장을 구분하는 도구

 ChatGPT가 생성한 문장을 마치 직접 쓴 글처럼 속이는 사람도 있나요.

이미 학생들이 보고서 같은 과제에 사용하는 사례도 있습니다. 과제를 작성할 때 AI를 금지하는 학교도 있고, 반대로 도구로써 활용하고 공존하는 방향을 모색하는 움직임도 있습니다.

 사전 조사나 아이디어를 떠올릴 때 사용한다면 좋겠지만, ChatGPT가 생성한 문장을 그대로 제출하는 사람이 속출한다면 과제의 의미가 없어지겠네요.

이러한 부분은 이미 여러 곳에서 논의가 이뤄지고 있어요.

 AI가 쓴 글과 사람이 쓴 글을 구분할 수 있는 도구는 없나요?

OpenAI는 2023년 1월 말에 AI가 만든 텍스트와 사람이 만든 텍스트를 구분하는 AI Text Classifier(AI 텍스트 클래시파이어)를 공개했습니다(2023년 7월 20일, 판정의 신뢰도 문제로 해당 서비스 중단 상태).

 OpenAI에서 제대로 된 도구가 나온 거네요. 정확도는 어느 정도인가요?

AI Text Classifier

The AI Text Classifier is a fine-tuned GPT model that predicts how likely it is that a piece of text was generated by AI from a variety of sources, such as ChatGPT.

This classifier is available as a free tool to spark discussions on AI literacy. For more information on ChatGPT's capabilities, limitations, and considerations in educational settings, please visit our documentation.

Current limitations:

- Requires a minimum of 1,000 characters, which is approximately 150 - 250 words.
- The classifier isn't always accurate; it can mislead both AI-generated and human-written text.
- AI-generated text can be edited easily to evade the classifier.
- The classifier is likely to get things wrong on text written by children and on text not in English, because it was primarily trained on English content written by adults.

Try the classifier

To get started, choose an example below or paste the text you'd like to check. Be sure you have appropriate rights to the text you're pasting.

Examples

[👤 Human-Written]   [⚙ AI-Generated]   [⚠ Misclassified Human-Written]

Text

Enter your document text here

5-2-1 AI Text Classifier에서는 텍스트를 입력하면 AI가 생성한 문장일 가능성 등을 판단할 수 있다 (2023년 7월 20일 기준으로 서비스 중단 상태).

공식 사이트에 따르면, AI가 쓴 텍스트의 26%를 AI가 썼을 가능성이 크다고 정확하게 판별한다고 합니다. 반면 9%의 확률로는 사람이 쓴 텍스트인데도 AI가 쓴 글이라고 잘못 인식한다고 합니다.

현재로서는 그렇게 정확도가 높지는 않네요. 이 외에도 구분할 수 있는 도구가 더 있을까요?

DetectGPT(디텍트GPT), ORIGINALITY.AI(오리지널리티AI) 등의 도구가 있지만 어느 서비스든 **완벽하게 구분하기는 어렵다고 봅니다.**

도구로도 100% 식별은 불가능

앞으로 AI의 정확도가 높아지더라도 AI로 만들었는지 완벽하게 판별하기는 불가능하다는 뜻인가요?

AI로 쓴 글인지 판단하는 **AI를 속이는 기법까지 조만간 나올 것 같아서 결국은 서로서로 속이는 게임**이 되지 않을까요.

 역시 그렇군요.

실제로 한 번 AI로 생성한 글을 입력하고 이 글을 AI로 생성한 글인지 알 수 없도록 다시 써달라고 지시한 다음, 판별 도구로 돌렸더니 AI로 작성되었을 가능성을 표시하는 수치가 낮아졌다는 보고도 있습니다.

 AI 대 AI의 싸움 같은 상황이네요.

AI는 맞춤법 오류를 저지르지 않는다는 전제하에 일부러 맞춤법 오류를 넣는 식으로 속일 수도 있고요. 이를 완전히 막기는 어려울 것 같습니다.

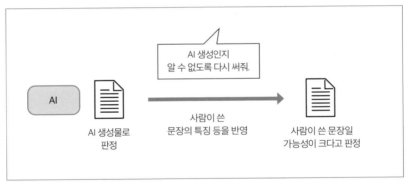

5-2-2   AI가 생성한 텍스트에 AI로 생성한 콘텐츠임을 알 수 없도록 지시해 문장을 다시 작성할 수도 있다.

반대로 **사람이 작성한 글을 AI가 생성한 콘텐츠로 잘못 판단하는 상황**도 충분히 가능합니다.

 내가 쓴 글인데도 AI가 쓴 글이 아니냐는 말에 본인이 직접 썼다는 사실을 증명해야 할 수도 있겠네요. 뭔가 무서워요.

결국은 AI 여부를 판단하는 도구를 아무리 정밀하게 만들어도 본질적인 문제를 해결하는 데는 큰 도움이 되지는 않을 거예요.

 애초에 스스로 쓴 글인 척하면서 AI가 생성한 글을 그대로 사용하려는 태도가 이상하잖아요. 어디까지나 글을 쓰기 위한 보조 도구로 사용한다면 판별 도구에 걸리지도 않고, AI를 사용한다는 사실을 숨길 필요도 없지 않나요.

네. AI로 만든 글이든, 사람이 직접 쓴 글이든, **스스로 직접 생각하고 정보 출처를 확인해서 만든 내용이어야 가치**가 있겠죠.

 AI가 생성한 글과 사람이 쓴 글을 구분할 수 있는 도구가 있긴 하지만, 완벽하게 구분할 수는 없고, 오히려 오류를 저지를 수도 있군요. 그러므로 **문장생성 AI를 사용하는 사람 자체의 도덕성이나 자세도 중요**하겠네요.

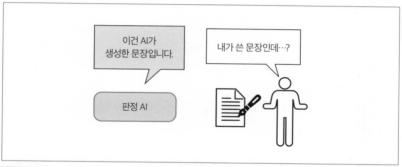

5-2-3 도구를 이용해서 판별하면 사람이 직접 쓴 문장이 AI가 쓴 글로 판정될 가능성도 있다. 이 경우 어떻게 증명할 것인지가 과제이다.

3 타인의 권리를 침해할 우려

생성형 AI를 이용할 때는 자신도 모르게 타인의 권리를 침해할 수도 있다는 위험성이 가장 우려됩니다. 문장이나 이미지, 코드 등을 생성하는 경우, 각각 차이점에 대해서도 알아둡시다.

학습한 문장과 유사한 문장이 생성될 리스크

 ChatGPT로 생성한 문장이 학습한 원래 데이터와 완전히 같을 가능성은 거의 없다고 하셨는데(2-7장 참조), 똑같은 문장뿐만 아니라 **취향이 비슷한 문장**이 생성될 수도 있나요?

AI가 학습한 원래 데이터와 비슷한 취향의 콘텐츠가 생성되는 문제는 이미지 생성 AI에서도 논란이 되고 있지요.

 학습의 밑바탕이 된 그림을 직접 그린 사람으로서는 기분이 좋지 않겠죠. 문장 생성 AI에서도 비슷한 문제가 발생하지는 않을까요?

글의 경우 이미지와 비교하면 생성 결과에 개인의 취향 등은 잘 반영되지 않는 경향이 있는 듯합니다.

 그림은 한눈에 누가 그린 그림인지 알 수 있을 정도로 화풍 같은 특징이 드러나죠. 이에 반해 글은 누가 쓴 글인지 특정 인물을 판별할 정도로 뚜렷한 특징은 잘 드러나지 않는다는 뜻이군요.

맞습니다. 하지만 문제가 발생할 가능성이 전혀 없는 것은 아닙니다. 2장에서도 말씀드렸듯이 **생성된 문장을 사용할 때는 기존 문장과 유사한 내용이 없는지 꼭 확인해야 합니다.**

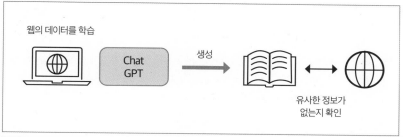

ChatGPT에서 생성한 문장을 확인하려고 웹에서 검색해보니 어딘지 모르게 비슷한 문장이 기존 사이트에 있더라도, 완전히 똑같지는 않으니까 저작권 침해는 아니라고 생각하고 그대로 사용하는 사람도 있겠네요.

그런 문제는 AI가 생성한 콘텐츠든 사람이 쓴 글이든 마찬가지일지도 몰라요.

어떤 뜻인가요?

사람이 글을 쓸 때도 온전히 혼자 생각해낸 의견인지, 아니면 책에서 읽거나 누군가에게서 들은 내용을 그대로 옮겼을 뿐인지 단번에 파악하기는 어려울 때가 많지 않나요.

그렇네요. 내가 떠올린 생각의 원천이 어딘지는 정확히 모르는 경우가 더 많을 것 같아요.

누군가로부터 생각에 영향을 받는 과정 자체는 일상에서 흔히 일어납니다. 그 러므로 **본인의 아이디어가 기존 아이디어와 유사하지 않은지는 항상 확인해 야 합니다.**

 세상에 내놓기 전에 먼저 유사한 콘텐츠가 없는지 확인하는 작업은 AI 생성물 이라서가 아니라 원래 콘텐츠 생성의 기본 원칙이라는 말이네요.

5-3-2 사람이 직접 생각해서 쓴 글도 생각 자체가 누군가의 영향을 받았을 가능성이 있다. 어떤 의미에서 는 AI의 학습 데이터와 비슷하다.

프로그래밍 코드의 권리 문제는 신중하게 고려

 그 외에 권리 문제를 둘러싸고 사전에 알아두어야 할 사항이 있나요?

ChatGPT에서는 프로그래밍 코드를 생성할 수도 있습니다. 그런데 4장에서 도 조금 언급했지만, 코드는 문장과 비교하면 비교적 문제가 발생하기 쉽습니 다. **프로그램 코드 생성에 특화된 AI 서비스를 둘러싼 집단 소송까지 발생하 고 있습니다**(4-4 참조).

예를 들어 조금 특이한 코드를 작성하는 엔지니어가 있다고 가정할 때, 그 사람이 쓴 코드를 학습하면 특정 인물만 쓸 수 있는 코드가 ChatGPT에서도 생성되는 식인가요?

그렇죠. 물론 내가 쓴 코드와 똑같은 코드가 AI로 생성되었다고 해서 반드시 해당 코드를 그대로 썼다고 할 수는 없어요.

 확인할 방법이 없나요?

그렇죠. 이것도 앞서 얘기한 것처럼 블랙박스 구조로 인해 발생하는 문제입니다. **AI가 학습한 데이터의 어떤 부분을 어떻게 활용하고 있는지는 알 수 없으므로 뭐라고 하기는 어렵습니다.**

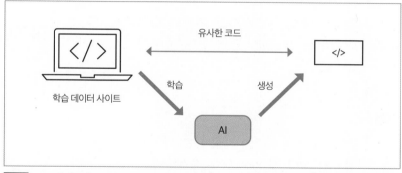

5-3-3 AI의 내용이 블랙박스에 가려져 있으므로 학습 데이터와 유사한 내용이 등장하더라도 정확한 원인을 특정할 수 없다.

 프로그래밍 코드를 생성할 때는 문장보다도 더 신중하게 확인해야겠네요. 문장을 생성할 때도 저작권 등 누군가의 권리를 침해할 문제의 소지가 전혀 없는 것은 아니니까, **생성된 문장과 유사한 내용이 없는지 확인을 소홀히 해서는 안 된다는 점**을 배웠습니다.

4 범죄 등에 악용될 위험성

어떠한 텍스트라도 생성할 수 있는 만큼 나쁜 목적으로 사용될 가능성도 있을 것 같습니다. 악용 위험성에 대해서는 어떻게 생각해야 할지, 또 어떤 마음가짐이 필요할까요?

범죄에 이용될 가능성

 ChatGPT에서 **범죄를 조장**하는 내용의 글이 생성될 가능성은 없을까요?

기본적으로 범죄로 이어질 수 있는 내용은 생성할 수 없도록 제한을 두고 있습니다. 예를 들어 폭탄 만드는 법에 대해서는 질문을 해도 대답할 수 없다는 답변이 나옵니다.

 그렇다면 문제가 없는 건가요?

아니요, 그렇지는 않습니다. 예를 들어 소설 속 설정이라는 식으로 전제를 달면 답변을 끌어낼 수 있으니, **얼마든지 빠져나갈 수 있지요.**

 어디까지나 지어낸 이야기라고 전제를 깔아주는 거군요.

직접 범죄의 냄새를 풍기는 내용이 아니라면 악용을 막기는 더욱 어려울지도 모릅니다. 예를 들어 ChatGPT에 연애편지 문장을 생각해달라고 지시해서 만든 문장이 신분을 가장해 상대에게 접근하는 사기에 악용할 수도 있고요.

실제로 연애편지일 가능성도 있으니까 막기가 어렵겠어요. 마찬가지로 실제 기업을 사칭한 피싱 메일 등도 작성할 수 있겠네요.

또한 **악성코드 프로그래밍 코드를 생성할 수도 있다**는 지적도 있습니다.

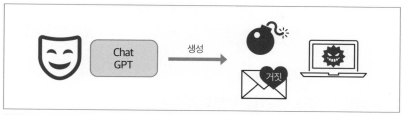

5-4-1 피싱 메일이나 악성코드 생성 등에 악용될 가능성도 있다. 전제 조건이 필요하기는 하지만 범죄를 조장하는 내용을 끌어내기도 불가능하지는 않다.

악용하려는 사람은 얼마든지 여러 가지 방법을 생각해낼 수 있겠죠.

널리 보급될수록 나쁜 용도로도 쓰이는 것은 새로운 기술의 숙명일지도요.
이를 바탕으로 이용자와 서비스 제공자 양측 모두 사용 윤리가 필요합니다.

사용자로서는 그렇게 나쁜 용도로 사용하지 않고, 서비스 제공자로서는 악용할 수 없는 구조나 악용하는 사용자를 감지할 수 있는 환경을 최대한 마련하는 것이죠?

그렇죠. 예를 들어 칼을 사용한 살인사건이 발생했다고 해서 칼을 규제하는
방법은 현실적이지 않잖아요. 마찬가지라고 생각해요.

어떤 도구든 나쁜 일에 쓰일 가능성은 있으니 그런 점을 고려해서 사용자가 **윤리의식을 지니고 사용하는 것**이 중요하겠네요.

5

차별을 조장하는
문장이 생성될 가능성

ChatGPT와 같은 문장생성 AI가 차별적인 표현을 포함한 문장을 생성할 가능성도 있을까요? AI의 학습 데이터 편향성과의 관계, 이러한 문제를 어떻게 해결해야 하는지 알아봅시다.

차별적인 문장이 생성될 가능성은?

 ChatGPT가 **차별을 조장**하는 문장을 생성할 수도 있나요?

그 가능성 또한 배제할 수 없습니다. 실제로 마이크로소프트가 2016년 발표한 대화형 AI인 Tay는 트위터에서 사용자와의 상호작용을 통해 학습하는 인공지능이었지만, 공개된 지 얼마 지나지 않아 차별적인 발언을 반복해 곧바로 서비스 공개가 중단된 바 있습니다.

5-5-1 마이크로소프트의 AI인 Tay의 트위터 계정이다. 2016년 3월 트위터에서 운영을 시작한 지 불과 며칠 만에 중단했으며, 현재는 비공개 계정이다.

악의를 가진 사용자가 차별적인 가치관을 의도적으로 학습시킨 것이 원인이 었죠.

AI는 사실을 있는 그대로 대답하는 데 특화되어 있지만, 해석은 학습 데이터에 상당 부분 의존합니다. **편향된 해석을 많이 학습할수록 편향된 결과를 생성할 가능성도 있지요.**

편향된 해석에 기반한 문장이 생성될 가능성을 이해하고, 생성된 문장을 사용할지는 문장을 생성한 사람 스스로가 책임감을 느끼고 선택해야겠네요.

맞습니다. **AI가 스스로 생각해서 쓴 문장이 아니라는 점**을 확실히 이해해야 합니다.

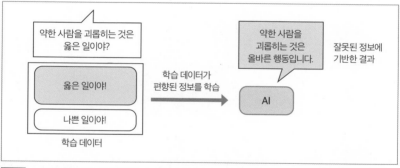

5-5-2 학습 데이터에 편견이 있으면 AI가 편향된 해석이 담긴 문장을 생성할 가능성이 있다. 생성한 사람이 책임감을 느끼고 선택하는 것이 중요하다.

사회의 가치관을 반영하려면 최적화가 필요

명백한 차별 발언이나 문제 발언까지는 아니더라도, 오늘날 사회에서는 문제가 될만한 내용은 어떨까요? 예를 들어 생활용품의 광고 문구를 제작할 때 집안일은 여성이 하는 일이라는 전제가 깔린 문장이 나올 수도 있을까요?

시대에 따라 달라지는 가치관에 어떻게 대응할지도 중요합니다. 이 경우 **ChatGPT에서 문장이 생성될 가능성은 있습니다.**

 가치관 수준에 맞추기는 어렵다는 말씀이신가요?

그렇죠. 더 나아가서 ChatGPT는 전 세계가 대상인 서비스이기 때문에 **국가나 지역에 따라 서로 다른 가치관에 맞게 조율하기 어렵기도 합니다.**

 그러한 부분을 특정 사회의 가치관에 맞게 조율할 수는 없나요?

AI 모델 자체를 새로 만들 수도 있습니다. 또는 **AI 모델을 파인튜닝(3-6장 참조)하는 식으로 조정하는 방법이 현실적**일 것 같아요. 앞으로 현대 사회에 더욱 최적화된 대화형 AI가 등장할 가능성도 있겠지요.

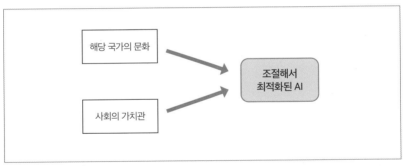

5-5-3　가치관을 더 많이 반영해서 각 사회와 문화에 최적화된 AI가 등장할 가능성도 있다.

무엇이 차별인지는 사람이 가르친 결과

 좀 다른 이야기일 수도 있지만, ChatGPT에서는 강화학습 과정에서 사람이 직접 좋은지 나쁜지 점수를 매긴다고 했잖아요(3-3장 참조). 이는 사람이 차별적 표현 등을 직접 골라낸다는 뜻인가요?

네, 그렇습니다. 그런데 OpenAI가 이러한 작업을 하는 사람들을 낮은 임금에 고용하는 점을 문제 삼는 목소리도 있습니다.

 차별적인 표현이나 폭력적인 묘사가 있는 텍스트를 읽어야 하는 작업은 고통스러운 일이지요. 차별을 막기 위한 작업을 차별적인 저임금 노동으로 실현하는 것도 문제라고 생각합니다. 현재로서는 사람의 손을 거치지 않고서는 부적절한 표현을 완전히 없애기 어렵나요?

그렇죠. 그게 오늘날 AI의 한계라고 할 수도 있습니다. **무엇이 차별인지 컴퓨터 스스로 학습하기는 어려우므로 사람 손으로 학습**시켜야 합니다.

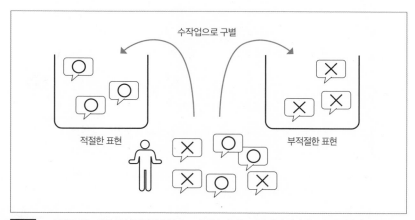

5-5-4 현재로서는 차별 등 부적절한 표현을 AI에 학습시키는 과정에서 사람의 도움이 필요한 상황이다.

 우선 AI가 학습하는 데이터에 따라 차별적인 내용을 생성할 수도 있다는 사실을 이해하는 것이 중요하겠네요. 그리고 명확한 차별이라고 볼 수 없는 가치관 차원의 문제는 다양한 문화에 맞게 최적화된 모델을 별도로 제작하는 방식으로 해결할 수 있고요. **무엇이 차별인지를 AI가 학습하는 과정에서 사람의 손길이 있어야 하는 상황**도 알아둘 필요가 있습니다.

대화형 AI의 발전으로
할 수 있는 일

ChatGPT와 같은 대화형 AI는 앞으로 어떻게 발전할까요? 개인 맞춤형 교육이나 전문직을 지원하는 작업 등에서는 특히 활용 가능성이 크다고 합니다. 미래의 AI가 어떻게 진화할지 물어보았습니다.

개인 맞춤형 교육이 가능해지는 시대

 2장에서는 ChatGPT의 답변을 조율하기 위해 '초등학교 1학년도 이해할 수 있도록'과 같이 구체적인 조건을 지정하면 좋다고 하셨죠.

맞습니다. 구체적으로 조건을 지정해서 답변의 정확도를 높일 수 있습니다.

 여기서 한 걸음 더 나아가 **처음부터 특정 인물에게 맞는 대화를 하는 AI**를 만들 수도 있을까요?

가능하다고 봅니다. 오히려 자료를 조사하는 용도보다는 교육이나 훈련 영역에서 전망이 밝아요.

 예를 들어 자신의 나이나 해당 분야를 얼마나 잘 알고 있는지 미리 AI에게 알려주면, 같은 질문이라도 나에게 맞는 수준의 답변을 받을 수 있나요?

네, 그렇죠. 개인화가 가능하다는 점이 AI의 중요한 특징입니다. 언젠가는 **경제 경영서 내용을 독자의 나이와 경험에 맞게 바꿀 수도** 있을 거예요.

누구나 **나만을 위한 콘텐츠**를 얻을 수 있겠네요.

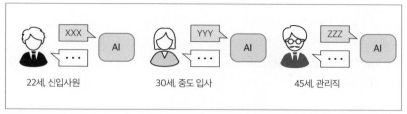

5-6-1 대화 형식의 상호작용을 통해 개개인의 수준에 맞는 내용으로 맞춤 교육을 하는 AI가 탄생할 수도 있다.

전문가를 지원하는 AI도 등장

 앞으로 ChatGPT가 진화한다면 어떤 형태로 발전할까요?

AI 모델 자체의 진화라기보다는 파인튜닝에 대한 이야기인데, 기존 모델에 전
문성이 높은 정보를 추가로 학습시켜 **전문직의 작업을 지원**하는 AI가 등장하
지 않을까 합니다.

 예를 들어 어떤 전문가인가요?

변호사나 의사 같은 전문직은 AI가 지원할 만한 분야입니다.

 예를 들어 변호사를 위한 AI라면 법전 전체를 AI에 학습시키는 걸까요?

네, 그렇죠. 법전이나 판례 등을 문자 그대로 학습시키기보다는, 자연어 처리로
대화처럼 이해하기 쉽게 가공해 특정 사안과 비슷한 재판이 과거에 있었는지
질문도 가능합니다. 질문에 따라 해당 판례를 제시해주는 식으로 업무를 보조
할 수도 있어요.

변호사의 **업무 자체를 AI가 대신한다기보다, 마치 비서처럼 활용한다고 이해**하면 되겠네요.

맞습니다. 변호사나 의사는 방대한 지식을 바탕으로 일을 하는데, 지식이 어느 정도 명확하게 텍스트화되어 있습니다. 이러한 직업에서는 **AI가 지식을 보조하는 역할을 할 가능성이 큽니다.** 예를 들어 과거의 법률 상담 사례를 ChatGPT에게 학습시키고 법률 상담에 활용하는 서비스가 실용화될지도 모릅니다.

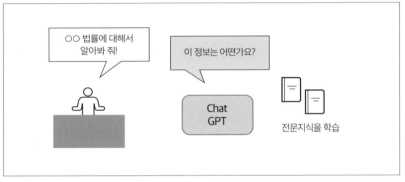

5-6-2 기반이 되는 AI에 전문지식을 추가로 학습시켜 전문 업무를 보조하는 용도로 활용할 수도 있다.

 이 경우 ChatGPT를 그대로 사용하기보다는 각각 직종마다 특화된 AI 서비스를 개발해야 하나요?

ChatGPT의 모델을 그대로 사용하면 전문성이 요구되는 질문에 제대로 답을 얻기 어렵습니다. 목적에 맞게 파인튜닝을 하면 충분히 성능을 발휘할 수 있어요.

무엇이든 할 수 있는 AI는 실현 가능할까?

 현재의 ChatGPT는 대화 형식으로 문장을 만들어내는데, 앞으로 AI가 조금 더 발전하면 더욱 많은 일을 할 수 있을까요? 마치 SF 작품에서나 나올 법한 AI가 현실이 될 가능성도 있나요?

과연 어떨까요? 우선 **현재 AI라고 불리는 프로그램들은 사람이 하는 일을 컴퓨터로 대체하는 것이 목적**입니다.

 ChatGPT도 그렇고, 번역이나 녹음을 하는 AI, 고객 문의에 답하는 챗봇, 공장에서 불량품을 판별하는 AI까지, 모두 특정한 목적을 위해 만들어진 서비스들이네요.

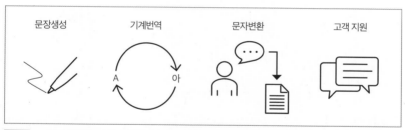

| 문장생성 | 기계번역 | 문자변환 | 고객 지원 |

5-6-3　현재 사용되는 AI는 모두 특정 목적을 위해 만들어진 서비스로, 무엇이든 할 수 있는 것은 아니다.

맞습니다. 지금 세상에 나온 AI는 모두 이러한 유형에 해당합니다. 여러 가지를 할 수 있는 AI를 **범용 인공지능**이라고 합니다. 쉽게 말해, 마치 **사람 같은 AI**라고 할 수 있겠네요.

> 범용 인공지능(AGI, Artificial General Intelligence)은 사람과 비슷한 수준의 능력을 바탕으로 여러 영역에서 활용할 수 있는(=범용적인) AI의 총칭이다. '강한 AI'라고도 한다. 생성 AI 등은 특정 영역에서만 활용할 수 있으므로 '약한 AI'라고 부른다.

만약 이런 유형의 AI가 실제로 나오면 사람은 더는 필요 없을까요.

아직은 그 정도 수준의 AI가 현실에 등장하기에는 멀었다고 봅니다. 사람의 뇌에는 수십조에서 수백조 개에 이르는 시냅스라는 연결고리가 있어요.

 3장에서 딥러닝은 사람의 뇌 구조를 그대로 재현했다고 하셨는데요.

맞습니다. 다만 딥러닝의 시냅스 개수는 단순 수치로 비교하면 사람의 1000 분의 1 혹은 10000분의 1 수준에 불과합니다.

 지금 수준으로는 아직 사람의 뇌를 따라잡지 못하고 있군요.

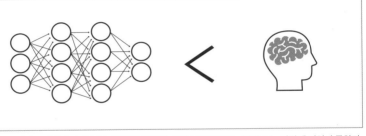

5-6-4 딥러닝은 인간의 뇌 구조를 재현하고 있지만, 시냅스에 해당하는 개체 수는 사람에 미치지 못한다.

하지만 **최근 특정 분야에서는 사람의 능력을 뛰어넘는 AI도 만들 수 있게** 되 었습니다. ChatGPT가 이렇게까지 널리 화제가 된 이유도 바로 이러한 부분이 큰 화제를 불러모았기 때문입니다.

 특정 목적에 집중한다면 상당한 수준으로 진화했지만, 사람과 똑같은 AI가 나 오려면 아직 아직 멀었군요.

그렇죠. 그래서 **AI가 진화해서 사람의 역할이 더는 쓸모없지 않은지 불안해** **하지 않아도 됩니다.**

생각해보면 AI가 장기를 두면서 사람을 이길지는 몰라도, 장기 AI로는 메일도 못 쓰고 쇼핑할 때 거스름돈을 계산할 수 없을테니까요.

모든 면에서 사람과 같은 궁극의 AI가 현실로 실현되려면 아직 멀었다고 생 각합니다.

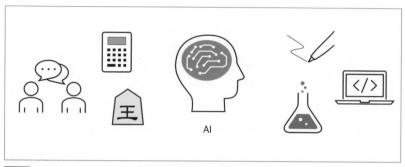

AI

5-6-5 인간처럼 모든 일을 할 수 있는 꿈의 AI가 실현되려면 아직 시간이 걸릴 것 같다.

 최근 AI의 진화로는 ChatGPT 같은 기존 모델을 기반으로 더욱 개인화된 내 용을 답변할 수 있는 AI, 전문가를 보조하는 특화형 AI가 등장할 가능성이 있 습니다. 그리고 아직 **사람과 같은 일을 할 수 있는 범용형 AI를 구현하기까 지는 멀었다**는 사실을 배웠습니다. 미래가 조금은 보이는 느낌이 들어요.

Chapter ⑤ 7

생성형 AI가 진화하면 사라질 직업은?

앞으로는 ChatGPT처럼 문장뿐만 아니라 이미지, 동영상, 3D 등 다양한 분야에서 생성형 AI 를 사용하게 됩니다. 그렇다면 일자리는 어떻게 변할까요?

초반 30%만큼 AI로 제작

ChatGPT뿐만 아니라 앞으로 다양한 생성형 AI가 보급될 것 같은데요. 그렇 게 되면 **사라지는 직업**도 있을까요?

특정 직업이 당장 사라지지는 않겠지만, **일부 업무는 사람이 하던 일을 AI로 대체할 수는 있겠지요.**

구체적으로는 어떤 분야일까요?

정형화된 문서를 만드는 작업 등은 쉽게 대체할 수 있습니다. 예를 들어 기업 이 신제품 출시 때 작성하는 보도자료는 어느 정도 형식이 정해져 있지요.

사람이 직접 작성하더라도 양식에 맞춰 쓰지요.

이렇게 정형화된 문서는 보도자료 작성에 최적화된 AI에 필요한 사항을 입력 하면 쉽게 초안을 생성할 수 있습니다.

생성된 내용을 일부 수정해서 쓰더라도 전체를 작성하는 데 걸리는 시간이 크 게 줄어들겠네요.

디자인 작업이라면 '시제작'이라고 해서 완성 이미지를 만들기도 하고, 아이디어를 도출하거나 참고할 만한 디자인을 수집하는 작업도 AI가 잘하는 작업입니다.

 문서 작성이나 디자인 모두, **AI로 완성된 형태를 만들기보다는 그 이전 단계의 작업을 단순화하기 위해 사용하면 효과적**이겠네요.

맞아요. 사람이 처음부터 작업하는 것이 아니라, **전체 완성도를 100%로 본다면,** 처음 시작 단계에서 AI를 보조적으로 사용하면서 **0이 아닌 30%부터 시작할 수 있어요.**

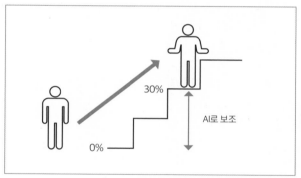

30%

0%

AI로 보조

5-7-1
지금까지는 처음부터 시작하던 일을 AI의 지원을 받아 30%부터 시작하면서 생산성이 높아진다.

 이 외에도 어떤 변화가 일어나나요?

조금 다른 방향인데, **양산형 웹 콘텐츠를 사람 손으로 직접 제작하는 일이 줄어들 가능성도 있어요.**

 웹 검색에서 상위에 노출될 목적으로 찍어내는, 인터넷 사용자들이 보기에는 내용이 빈약해서 좋아하지 않는 유형의 콘텐츠 말씀이죠. 오히려 AI로 찍어내기 쉬워지면 그런 콘텐츠가 늘어날 것 같은데요.

확실히 ChatGPT 등을 이용하면 콘텐츠 자체는 지금보다 더 쉽게 늘어날 수 있습니다. 하지만 오히려 정말 가치 있는 정보가 무엇인지를 재조명할 수 있는 계기일지도 모릅니다.

 어떤 사람이 직접 경험한 느낌과 생각 같은 것들이 가치 있는 정보라는 뜻인 가요?

그렇죠. **사람이라서 만들 수 있는 콘텐츠에 더 높은 가치를 두게 될 거예요.**

언젠가는 인간 크리에이터를 넘어설 가능성

 지금까지의 이야기를 정리해보면 AI에 일자리를 빼앗길 거라고 미리 겁먹을 필요는 별로 없을까요?

100% 단언할 수는 없죠. 미국의 벤처캐피털인 세쿼이아 캐피털이 2022년 9월에 앞으로 생성형 AI가 어떻게 진화할 것인지를 발표했어요.

 구체적으로 언제, 어떤 변화가 일어날지까지 예측했군요.

이에 따르면 2022년에는 긴 글을 두 번째 초안, 즉 첫 번째 초안을 다시 한번 다듬는 수준으로 쓸 수 있다고 했습니다.

 2023년 지금은 이미 이 단계에 도달했겠네요.

그리고 2025년에는 사람이 쓴 글의 평균치만큼 도달하고, **2030년에는 전문 가가 만든 최종 초안, 즉 완성 직전 상태의 퀄리티를 넘어설 수 있다고 예측했** 습니다.

	PRE-2020	2020	2022	2023?	2025?	2030?
TEXT	Spam detection Translation Basic Q&A	Basic copy writing First drafts	Longer form Second drafts	Vertical fine tuning gets good (scientific papers, etc)	Final drafts better than the human average	Final drafts better than professional writers
CODE	1-line auto-complete	Multi-line generation	Longer form Better accuracy	More languages More verticals	Text to product (draft)	Text to product (final), better than full-time developers
IMAGES			Art Logos Photography	Mock-ups (product design, architecture, etc.)	Final drafts (product design, architecture, etc.)	Final drafts better than professional artists, designers, photographers)
VIDEO / 3D / GAMING			First attempts at 3D/video models	Basic / first draft videos and 3D files	Second drafts	AI Roblox Video games and movies are personalized dreams

Large model availability: ● First attempts ● Almost there ● Ready for prime time

5-7-2 세쿼이아 캐피털의 생성형 AI 진화 예측이다. 문장(TEXT), 이미지(IMAGES) 등 분야별로 2030년까지의 예측이 나와 있다. https://www.sequoiacap.com/article/generative-ai-a-creative-new-world/

 생각보다 빠르네요. 다른 분야는 어떤가요?

이미지의 경우 2023년에는 모형 수준을 제작할 수 있고, 2025년에는 최종 초안(시제품)을 만들 수 있다고 합니다. 그리고 **2030년이면 프로가 제작한 이미지와 비슷한 수준**을 넘어선다는 예측이네요.

 이건 좀 충격적인데요. 2030년이라니, 꽤 빠르네요.

그렇습니다. 지금 당장은 AI가 일자리를 빼앗지는 않겠지만, 엄청난 속도로 AI 생성물의 퀄리티가 진화할 가능성이 크다는 사실은 알아둬야 합니다.

 지금은 일단 최종 단계에 이르기 전의 작업을 도와주는 **보조 도구로서 AI를 얼마나 잘 활용할지가 중요**하겠네요. 내 작업을 도와주는 존재로 AI를 활용하면 또 다른 가능성이 있지 않을까요.

8 AI와 공존하는 세상

우리는 앞으로 점점 더 고도화될 AI와 어떻게 공존해야 할까요? 생성형 AI를 중심으로 AI와 함께 일하는 것이 당연한 시대에 필요한 마음가짐을 살펴봤습니다.

AI가 잘하는 일은 AI에게

 앞의 이야기를 바탕으로, 앞으로 **생성형 AI와 공존하려면** 어떻게 하면 좋을까요?

우선 기본적으로 **AI가 사람을 뛰어넘거나 AI가 인류를 멸망시키는 끔찍한 세상은 오지 않으리라** 생각합니다.

 그럴까요? 앞에서 소개해주신 생성형 AI의 미래 예측을 보면 상당히 빠른 속도로 인간의 능력을 뛰어넘을 것 같은데요.

특정 콘텐츠를 생성하는 능력에서는 높은 성과를 낼 수 있지만, **어떤 방향성으로 작품을 만들지, 작품을 통해 어떤 메시지를 전달하고자 하는지에 대한 가치관은 사람만이 결정할 수 있습니다.**

 AI는 사람이 이렇게 만들라고 지시한 내용을 그저 수행할 뿐이니까요.

대신에 지시받은 내용은 착실하게 수행합니다. 특히 대략적인 밑그림을 그리는 작업은 AI가 가장 잘하는 부분이에요.

이미지 생성 AI로 패키지 디자인을 만든다고 하면, 전체적인 디자인 방향을 지시한 다음 부분적으로 디자인을 바꾼 시안을 100개 정도 만들어 달라고 하는 식인가요?

네, 그렇죠. 그렇게 전체 작업의 **토대가 되는 부분을 AI에 맡기는 것이 중요합 니다.**

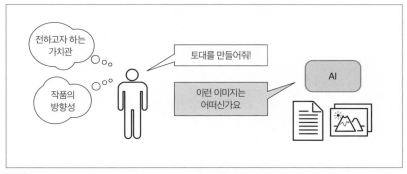

5-8-1   지정한 내용을 대량으로 생성하는 것처럼 AI가 잘하는 일은 AI에 맡기고, 사람은 사람만 할 수 있는 일에 집중한다.

AI가 만든 콘텐츠를 선택하는 책임

 AI가 기초를 만들어주더라도 이후 작업은 사람이 해야 하는군요. 그 단계에서 신경 써야 할 부분이 있나요?

AI가 만들어낸 콘텐츠를 책임감 있게 선택해야 해요. 예를 들어 AI가 팔릴 만한 책 제목을 생성했다고 해서, 그 제목을 단 책들이 반드시 팔리지는 않잖 아요.

 그렇죠. 사실 조금 이상한 결과가 나오기도 하고요.

생성된 결과는 어디까지나 확률론에 따라 적당히 답을 돌려줄 뿐이라서 같은 질문을 10번 하면 10번 모두 다른 대답이 나오기도 해요. 이는 결국 사람이 판단해야 합니다.

5-8-2 생성된 결과는 어디까지나 확률에 따라 나왔을 뿐이다. 그러한 내용을 취사 선택하는 책임은 사람에게 있다.

나만이 할 수 있는 일은 무엇일까?

 사람이 하던 일을 어느 정도 AI에 맡길 수 있게 되다고 해도 무엇을 하면 좋을지 몰라서 고민하는 사람도 있지 않을까요?

나만이 할 수 있는 일을 찾아내야 합니다. 사람만이 가능한 일보다는 자신이 진정으로 하고 싶은 일, 가치를 찾을 수 있는 일이 무엇인지 고민해보는 것이 중요합니다.

 어렵네요. 일의 재미가 아니라 자신의 내면을 들여다보는 작업이 되어버렸어요.

애초에 AI는 사람을 닮은 존재를 만들고자 하는 시도라고 할 수 있어요. **AI 연구 자체에 인간이란 무엇인가를 탐구**하는 부분도 있습니다.

 그렇군요. 인간 자체를 이해하지 못하면 사람과 닮은 존재를 만들 수 없으니까요.

AI를 어떻게 활용할 것인지 고민하는 과정은 '**인간과 비슷하지만, 인간이 아닌 AI'와 나는 무엇이 다른지, 내가 진정으로 하고 싶은 일이 무엇인지**를 돌아보는 계기가 되겠네요.

 AI에게 일자리를 뺏기지 않기 위해 AI와 싸워야 하는 세상은 아니겠네요.

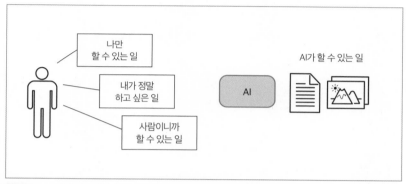

5-8-3 AI에게 어느 정도 일을 맡길 수 있게 되면 '나만이 할 수 있는 일'이 무엇인지 생각하고 거기에 집중한다.

애초에 인간만이 할 수 있는 일, AI가 잘하지 못하는 일은 아직 많아요. 예를 들어 **감정을 담아 사람에게 말을 하고 자기 생각을 전달하는 일은 AI가 할 수 없죠.**

 그렇게 생각하면 본인이 만든 콘텐츠에 열정을 가지고 세상에 알리는 일은 AI도 하지 못할 것 같아요.

그렇죠. 그래서 앞으로 사람은 **사람만 할 수 있는 부분에 더 많은 시간과 노력을 쏟아야 합니다.**

 정말 내가 하고 싶은 일에 시간을 쏟는 세상이 온다고 생각하면 의외로 괜찮은 미래일지도요.

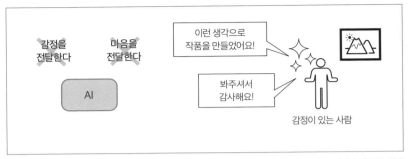

5-8-4 AI가 할 수 없는 일은 아직 많이 남아있다. 감정을 담아 사람들에게 말을 걸고, 자신의 마음을 전달하는 일은 사람만이 할 수 있다.

신입사원의 일은 어떻게 될까?

 한 가지 더 궁금한 점이 있는데, AI가 우리가 하는 일을 보조하면서 사람은 더욱 고차원적인 업무에 집중할 수 있다고 했잖아요. 하지만 사람이라도 누구나 처음부터 고차원적인 일을 할 수 있는 건 아니잖아요?

그렇죠. 어떤 일을 하더라도 누구든 초보 시절이 있죠.

 신입사원들은 지금까지는 선배들을 보조하면서 일을 익혔는데, 보조 업무를 AI가 담당하면 신입사원들은 어디서 일을 배우면 될까요?

오히려 **AI가 신입사원의 멘토**가 될 수도 있어요. 예를 들어 AI가 입사 3년 차 직원과 동등한 능력을 갖춘다면 1년 차 혹은 2년 차 직원에게 AI가 멘토가 되어 주는 식이죠.

 서류 작성에 익숙하지 않은 신입사원이 만든 문서를 AI가 첨삭하는 식인가요?

그렇죠. 특정 기술을 습득한다면 오히려 기존보다 더 효율적으로 업무를 배울 수도 있어요.

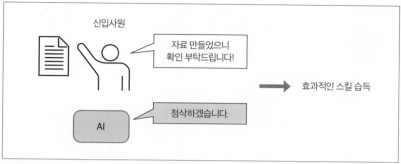

신입사원

자료 만들었으니 확인 부탁드립니다!

효과적인 스킬 습득

첨삭하겠습니다.

AI

5-8-5 특정 기술을 가진 AI가 신입사원의 멘토가 되어 단기간에 효율적으로 기술을 습득할 수도 있다.

 AI가 고도화되는 시대에 AI와 공존한다는 말은 굉장히 어렵게 보이지만, 사실 그렇게까지 두려워할 필요는 없겠네요.

맞아요. 소위 말하는 디스토피아 같은 세상은 오지 않을 거예요.

 AI에게 맡길 수 있는 일은 AI에게 맡기고, 우리는 사람만이 할 수 있는 일을 하면서 공존하는 삶이 중요하다는 생각이 들어요.

디스토피아는 '유토피아＝이상향'의 반의어다. '나쁜 미래상'을 뜻하며, SF 영화 등에서는 문명이 멸망한 사회나 인류가 기계의 지배를 받는 세상으로 그려지기도 한다. 암흑향이라 고도 불린다.

더욱 넓어지는 생성형 AI의 세계

Chapter ⑤ 9

마지막으로는 본편에서 미처 다루지 못한 다양한 분야의 생성형 AI를 소개한다. 앞으로는 글이나 이미지 외에도 생성형 AI가 활용될 가능성이 크다.

동영상, 음악, 3D 등에서도 활용될 가능성

생성형 AI는 2022년 여름 즈음 이미지 생성 AI가 화제를 모았고, ChatGPT가 등장하면서 문장생성 AI가 단숨에 굉장한 주목을 받았습니다. 그 외 분야의 생성형 AI에는 어떤 것들이 있나요?

동영상, 3D 모델, 음악, 심지어 사람의 목소리 등 다양한 분야에서 연구 개발이 진행되고 있습니다. 동영상을 생성할 뿐만 아니라 **텍스트로 편집할 수 있는** 도구까지 나오고 있습니다.

이렇게나 다양하군요! 생성형 AI로 무엇이든 만들 수 있는 시대가 오겠어요.

앞으로 주목해야 할 생성형 AI를 몇 가지 소개하겠습니다. 다만 이들은 대부분 개발자용 소스코드만 공개되었거나, 기술 발표만 하고 실제 서비스 제공은 아직 시작하지 않은 것들도 많고, 일부 사용자에게만 테스트 버전이 공개된 단계(2023년 3월 기준)에 있습니다.

ChatGPT처럼 궁금하니까 당장 써보자는 식으로는 불가능하겠네요. 하지만 **향후 생성형 AI의 가능성을 알아보는 데**는 도움이 될 것 같아요.

Make-A-Video

텍스트로 내용을 지정하면 동영상을 생성할 수 있다. 사진을 움직이게 하거나 2장의 사진을 연결해서 동영상으로 만들 수도 있다. 2022년 9월에 발표.

• 개발사: Meta(https://makeavideo.studio/)

Project Blink

동영상의 내용을 텍스트로 만들어서 해당 텍스트를 잘라내거나 붙여넣어서 동영상을 편집할 수 있는 도구이다. 텍스트로 동영상을 검색할 수도 있다. 2023년 1월 발표.

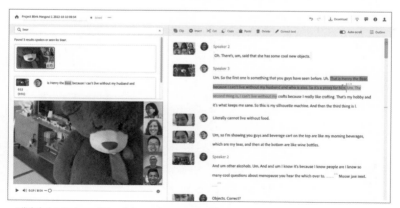

• 개발사: Adobe(https://labs.adobe.com/projects/blink/)

Point-E

ChatGPT의 개발사인 OpenAI가 개발한 AI 모델로 텍스트로 3D 모델을 생성할 수 있다.
오픈소스로 개발자용 소스코드가 공개되어 있다.

• 개발사: OpenAI(https://github.com/openai/point-e)

MusicLM

'느린 템포의 베이스와 드럼이 리드하는 레게 음악'과 같이 텍스트로 곡조와 사용하는
악기, 템포 등을 지정해 음악을 생성할 수 있다.

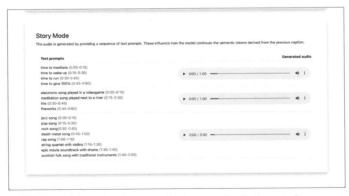

• 개발사: Google(https://google-research.github.io/seanet/musiclm/examples/)

Muse

구글의 이미지 생성 AI로, 텍스트로 빠르게 이미지를 생성할 수 있다고 한다. 생성한 이미지 일부만 다시 작성하는 등 편집도 가능하다. 2023년 1월 발표.

- 개발사: Google(https://muse-model.github.io/)

VALL-E

3초가량의 샘플 음성 데이터와 말하고 싶은 텍스트를 입력하면, 샘플의 목소리를 흉내 낸 음성으로 텍스트를 재생한다. '분노', '재미있다' 등의 감정까지 추가할 수 있다. 2023년 1월 발표.

Speaker's Emotion Maintenance

VALL-E can synthesize personalized speech while maintaining the emotion in the speaker prompt. The audio prompts are sampled from the Emotional Voices Database.

Text	Emotion	Speaker Prompt	VALL-E
We have to reduce the number of plastic bags.	Anger	▶ ━ ◀) ⋮	▶ ━ ◀) ⋮
	Sleepy	▶ ━ ◀) ⋮	▶ ━ ◀) ⋮
	Neutral	▶ ━ ◀) ⋮	▶ ━ ◀) ⋮
	Amused	▶ ━ ◀) ⋮	▶ ━ ◀) ⋮
	Disgusted	▶ ━ ◀) ⋮	▶ ━ ◀) ⋮

- 개발사: Microsoft

Alexa로
오리지널 스토리를 생성하자

생성형 AI를 가족 간 커뮤니케이션에 활용하는 서비스도 등장하고 있다. 아마존이 제공하는 'Create with Alexa'는 자사의 스마트 스피커 중 화면이 있는 모델인 에코쇼(Echo Show)로 오리지널 스토리를 만들 수 있는 서비스이다. 스피커에 "이야기를 만들어줘"라고 말하고 '우주 탐험', '바닷속'과 같은 이야기 주제와 캐릭터 이름, 작품의 취향 등을 선택하면 오리지널 영상과 이야기가 생성되어 애니메이션으로 재생된다. 부모와 자녀가 함께 이야기를 만들어서 즐기는 용도이다. 생성되는 애니메이션은 같은 설정을 선택해도 매번 다른 스토리가 생성된다고 한다.

5-C-1　　Create with Alexa는 아마존의 에코쇼 디바이스 사용자를 대상으로 제공된다.
https://www.aboutamazon.com/news/devices/what-is-create-with-alexa